경찰 정보활동 임무

경찰관 직무집행법의 해석과 개선

김성태

박영사

서 문

　이 책은 경찰청 연구용역 수행과정에서 얻은 결과("정보활동에 관한 경찰관 직무집행법 개선 방안")를 학술서적으로 출간한 것이다. 경찰의 정보활동은 그 필요성이나 유용성에도 불구하고 그간 여러 논란이 있어 왔다. 경찰이 정보활동을 하는 것이 옳은가에서부터 시작하여, 현행 경찰법제에서 얼마나 허용될 수 있는지, 허용된다면 어떠한 조치까지 가능한 것인지와 같은 것이 그것이다. 경찰이 정보활동을 남용하거나 오용하고 있다는 비판도 존재한다. 이 책은 이러한 문제들이 제기되고 있는 경찰 정보활동 임무를 경찰관 직무집행법의 틀에서 다루고 있다.

　이 책에서 다루는 경찰 정보활동 임무와 관련된 내용들은 학계에서 보편적으로 인정되고 있는 이론들에 터잡은 것이다. 정보활동과 관련하여 일반적으로 검토되는 경찰법 이론들은 경찰법을 연구하는 교수 등 연구자들에게는 특별한 것은 아니지만, 일반 시민들은 물론이고 실무에 종사하는 경찰관들에게도 잘 알려져 있지 않으며 또한 이해하기 어려운 것들이다. 경찰 정보활동을 법적으로 정확하게 파악하기 위해서는 전문서적과 개별 논문들에서 필요한 이론과 내용들을 찾아보는 수고가 필요하지만, 이는 경찰법을 따로 공부하지 않은 분들에게는 쉽지 않은 일이다. 이 점이 연구결과를 누구든 편히 접근할 수 있는 책으로 출간하게 된 이유이다.

　이 책에서는 정보활동과 관련하여 경찰관 직무집행법의 규정들을 해석하고, 현재의 규정들이 갖는 의미와 문제점, 개선 방향을 살피고 있다. 이들 내용은 경찰 정보활동을 법적으로 올바르게 판단·평가하며, 향후 어떻게 자리매김하고 어떠한 방향으로 이끌어야 하는가의 논의에 있어 도움이 될 수 있다. 특히 임무와 권한, 경찰상 보호법익, 위험과 위험의심, 위험 앞쪽 단계의 작용 등은 단지 경찰 정보활동만이 아닌 경찰법 전반의 이해에 있어 핵심이 되는 것으로서 이 책에서의 검토는 그 자체로 의미를 갖는다. 책 말미에는 실제 경찰 정보활동에서 법적으로 문제될 수 있는 것들을 확인할 수 있도록 헌법재판소 결정에 대한 과거 저자의 평석도 함께 수록하고 있다.

아무쪼록 이 책이 경찰 정보활동에 관한 법적 이해와 여러 발전적 논의들에 도움이 될 수 있기를 기대하며, 연구에 도움을 주신 오병두, 김택수, 안동인, 김면기 교수님과 오직 학문적 의의만을 가진 책의 출간을 수락해 주신 박영사 그리고 훌륭한 책으로 편집해 주신 윤혜경 님께 감사의 마음을 전한다.

2021년 4월

저자

목 차

제1장

서론

제1장

서론

1 현대사회와 경찰 정보활동

현대사회에서 정보의 중요성에 대해서는 누구도 이의를 제기하지 않는다. 정보사회 혹은 정보화시대와 같은 표현은 이미 오래전부터 우리 일상에서 익숙한 용어가 되었고, 이를 논하는 수많은 문헌과 자료들을 발견할 수 있다. 컴퓨터와 인터넷, 모바일기기 등 정보통신 기술의 비약적 발전에 따라 정보는 종래 상상할 수 없을 정도로 광범위하게 수집될 수 있고, 다양한 방식으로 저장, 가공, 이용될 수 있으며, 신속하고 대량으로 전달될 수 있게 되었다. 이와 같은 정보환경에서 개인의 일상은 지대한 영향을 받게 되었고, 정보사회가 보여주는 새로운 가치의 창출, 편익 증대 등 긍정적 측면 다른 한쪽에서 개인의 기본권에 대한 제약 내지 침해의 가능성도 상존하게 되었다. 특히 국가가 행하는 개인정보의 수집 등 정보활동은 국민 기본권의 보장과 심각한 긴장관계에 놓일 수 있다. 이러한 현실하에서 국가의 정보활동에 있어서는 그의 효과적 수행과 더불어 기본권 보장 및 적법성의 확보라는 문제가 대두된다.

국가의 기관 가운데 경찰은[1] 범죄에 대한 대처나 공공의 안녕과 질서 유지 등의 임무를 수행하면서 정보활동을 하게 되며,[2] 이러한 경찰의 정보활동은[3] 국민 생존과 안전에 대한 국가의 과거와는 전혀 다른 차원의 고양된 역할에 따라 그 필요성이나 중요성이 더욱 두드러지게 되었다.[4] 특히 범죄의 예방과 위험의 방지로 대표되는 예방경찰(präventive Polizei) 임무를 수행하는 작용의 특성상 경찰은 다른 어떤 국가기관보다도 빈번하게 정보활동을 하게 된다.[5] 발달된 정보처리기술을 바탕으로 다양한 수단 및 형태에 의한 정보활동이 가능하고, 개인정보가 그 대상이 되기도 하는바, 경찰에 의한 정보활동의 필요성이 증가하고 정보의 수집 등 처리

---

1) 이 책에서 경찰은 질서행정청을 제외한 제도적 의미의 경찰로서, 집행경찰 (Polizeivollzugsbehörde 또는 Vollzugspolizei)을 지칭하는 용어로 사용된다. 법상 경찰이라 정의되는 것을 의미하는 제도적 의미의 경찰은 우리법제에서 명시되어 있지는 않지만, 해석을 통하여 어느 정도 파악할 수 있다. 정부조직법 제34조 제5항 및 제6항, 경찰법 제2조 제1항, 경찰관 직무집행법의 '경찰관' 용어 사용 규정 등에 비추어 대략 경찰청, 지방경찰청과 그 소속기관 및 경찰관이 제도적 의미의 경찰에 해당할 수 있다. 제도적 의미의 경찰개념에 대해서는 Knemeyer, Polizei- und Ordnungsrecht, 10. Aufl., Rn. 26; Götz, Allgemeines Polizei- und Ordnungsrecht, 13. Aufl., Rn. 19 참조.
2) 경찰작용의 중심에 정보활동이 있음을 전제하는 문헌으로는 Gusy, Polizeirecht, 6. Aufl., Rn. 185.
3) 종래 경찰 실무에서는 정보를 정보기관이 조직활동을 통하여 수집된 첩보를 평가·분석·종합·해석하여 얻어진 지식이라고 정의하고 있다(경찰청, 경찰실무전서, 2000, 1085면). 그러나 통상 정보학에서 의도적으로 수집된 자료이지만 아직 분석, 정제되지 않은 상태로 설명되는 첩보를 수집하는 행위에서부터 이미 정보활동은 시작되는 것이며 법적 규율대상으로서의 경찰 정보활동에 포함된다(같은 취지의 이해는 황규진, 치안정보의 개념에 관한 연구, 경찰학연구 제9권 제1호(2009. 3), 93면 참조). 경찰 정보활동의 지침이 되는 정보경찰 활동규칙(경찰청 훈령 제909호)에서도 정보활동을 공공안녕에 대한 위험의 예방 및 대응을 위한 정보의 수집·분석·종합·작성 및 배포와 그에 수반되는 사실확인·조사를 위한 행위로 정의하고 있다(제2조 제1호: 밑줄 저자).
4) Würtenberger/Heckmann/Rieggert, Polizeirecht in Baden-Württemberg, 4. Aufl., Rn. 109.
5) Denninger, Polizeiaufgaben, in: Lisken/Denninger(Hrsg.), Handbuch des Polizeirechts, 4. Aufl., Rn. 9; Gusy, Polizeirecht, Rn. 185 참조.

가[6] 용이해질수록 경찰작용은 인격의 자유로운 발현, 일반적 행동의 자유에 대한 위협이 될 수 있다.[7]

경찰의 정보활동과 관련하여 경찰법 제3조와 경찰관 직무집행법 제2조 제4호는 치안정보의 수집·작성 및 배포를 경찰의 임무(직무)로 규정하고 있다. 그러나 경찰작용에 대한 일반법인 경찰관 직무집행법은 이 규정 외에 정보활동을 구체적으로 규율하는 내용은 거의 두고 있지 않다. 이와 같은 상황에서 현행 법규정에 따른 경찰의 정보활동에 대해서는 여러 논란이 있다. 학계에서는 치안정보의 수집·작성 및 배포 규정에 의한 정보활동의 대상과 범위가 어디까지인지, 이 규정으로 기본권 침해적인(eingreifend)[8] 정보활동이 가능한 것인지, 이 규정과 다른 임무규범(특히 제7호)의 관계가 어떠한 것인지와 같은 의문이 있어 왔고, 사회 일부 구성원으로부터는 이 규정에 근거한 경찰의 정보활동이 남용되어 국민의 기본권을 훼손하거나 정치적으로 오용되고 있다는 비판이 제기되고 있다.

2 연구의 목적, 범위, 방법

이 책의 연구는 이와 같은 논란이 있는 경찰 정보활동과 관련하여 경찰관 직무집행법 제2조에서 인정될 수 있는 정보활동의 내용과 범위를 밝히고, 치안정보의 수집·작성 및 배포 규정의 의미와 문제점을 파악하며,

---

6) 여기에서의 '처리'는 정보의 수집, 생성, 연계, 연동, 기록, 저장, 보유, 가공, 편집, 검색, 출력, 정정, 복구, 이용, 제공, 공개, 파기 등 정보에 관한 일체의 작용을 포괄하는 의미로 사용한다. 이와 같은 개념의 '처리' 용어 사용례는 개인정보보호법, 제2조 제2호 참조.

7) Peitsch, Die Informationsbeschaffung im neuen Polizeirecht, ZRP 1992, S. 127.

8) 여기에서의 '기본권 침해적인'은 그 자체 곧바로 불법적인 기본권 침해(훼손: Verletzung)가 되는 것이 아닌, 헌법 제37조 제2항의 '기본권 제한적인' 것을 의미한다.

필요한 경우 임무규범 등 현행 경찰관 직무집행법의 개선 방향을 제시함으로써 적법·타당한 정보활동이 이루어지도록 함에 그 목적이 있다. 이를 위하여 이 책에서는 임무규범의 의의 및 기능, 정보활동 임무지정에서 제2조가 갖는 의미, 치안정보의 수집·작성 및 배포의 내용, 외국 경찰법제에서의 정보활동 임무, 정보활동에서의 보호법익과 위험, 적정한 정보활동 임무규범 설정 방향, 그에 따른 권한규범의 보완 등을 검토한다.

이 책의 연구는 현행 경찰관 직무집행법에서의 (경찰 임무와 관련된) 정보활동을 대상으로 수행하는 것으로서, 이 범위를 벗어나 어떤 국가적 정보활동을 경찰 혹은 다른 국가기관에게 맡겨야 하는가와 같은 － 정책적 판단 및 결정을 요하는 － 문제에 대해서는 다루지 않는다. 경찰의 정보활동 임무가 경찰관 직무집행법에 의해서 정해지더라도 그것은 종국적인 것은 아니며 언제든 다른 법률 규정에 의해서 새로운 범주의 정보활동이 정해질 수 있기 때문에 이와 같은 문제에 대한 검토가 본 연구의 논리적 전제로서 반드시 함께 이루어져야 하는 것은 아니다.

연구의 수행에 있어서는 경찰관 직무집행법 및 경찰법 이론에서의 용어와 개념들에 대한 정교한 고찰이 필요한바, 공공의 안녕, 공공의 질서, 위험, 추상적 위험·구체적 위험, 위험에 대한 의심, 위험의 방지와 예방, 위험방지의 준비, 위험사전대비, 형사소추사전대비 등에 대해서 규명한다. 정보활동과 관련된 현행 경찰관 직무집행법의 내용을 명확히 밝히고, 그에 이은 입법적 개선의 검토를 위해서는 이들 용어 및 개념들에 대한 정확한 이해가 전제되어야 하기 때문이다. 이들 용어와 개념들의 고찰에 있어서는 국내와 국외 － 특히 우리 경찰법 이론의 뿌리인 독일 － 에서 논의·정립된 이론 및 판례를 분석·활용한다.[9]

이 책에서는 또한 대륙법계와 영미법계의 대표적 국가인 독일과 프랑

---

9) 이 책의 구성에 있어 저자의 기존 연구성과들(참고문헌에 표시된 저자 작성 문헌)도 활용되고, 관련된 내용들이 인용 표시 없이 다시 서술되는 부분도 있음을 밝혀 둔다.

스, 그리고 영국과 미국 경찰법제에서의 정보활동 임무에 대해서도 함께 살핀다. 이들 국가의 경찰작용법 체계와 내용이 우리와 같은 것은 아니고 상당한 차이가 있기도 하지만, 이와 같은 비교법적 고찰이 우리 경찰관 직무집행법에서의 정보활동 임무에 대한 보다 입체적인 조망과 올바른 분석·평가에 도움이 될 수 있기 때문이다.

이하의 연구는 경찰관 직무집행법에서의 정보활동 임무(제2장), 외국 경찰법제에서의 정보활동 임무(제3장), 정보활동 임무와 보호법익(제4장), 정보활동 임무에서의 위험(제5장), 정보활동 임무규범의 개선 방안(제6장), 정보활동 권한 규정의 보완(제7장), 결론(제8장)의 순서로 구성된다.

제2장

경찰관
직무집행법에서의
정보활동 임무

경찰관 직무집행법에서의 정보활동 임무

1 정보활동과 경찰관 직무집행법 제2조

1) 경찰임무와 임무규범

경찰에 관해 규율하는 (실질적 의미의) 경찰법은 대개 경찰의 개념, 조직, 임무, 권한, 강제, 경찰책임, 손해의 전보 및 구제 등을 그 내용으로 하게 된다. 이들 가운데 임무(Aufgabe)는 경찰작용영역(Polizeihandlungsraum)을 정하는 것으로서 경찰조직법 혹은 경찰작용법을 구성함에 있어 불가결의 요소가 된다.

법치행정원칙에 따라 경찰은 수행하여야 할 임무가 부여될 때, 즉 그의 작용영역이 임무를 정하는 임무지정규범(Aufgabenzuweisungsnorm: 이하 '임무규범'이라 한다)에 의하여 정해질 때 활동할 수 있다.[1] 이 점에서 임무

---

1) 단, 그 작용을 행할 수 있다는 것이 곧바로 권리침해적인 경찰처분을 발할 수 있다

규범은 경찰의 작용영역 혹은 활동범위를 설정하는 규범으로서 기능한다(영역개설기능: raumeröffnenende Funktion).[2] 경찰의 정당한 임무의 수행은 오직 이렇게 정하여진 작용영역 내에서만 인정될 수 있고,[3] 만약 이러한 범위를 넘어 경찰관이 활동하는 경우 법률우위원칙에 따라 당해 활동은 위법하게 된다.[4] 따라서 임무규범은 경찰의 작용영역을 개설하는 동시에 그 한계를 설정하는 기능(한계설정기능: raumbegrenzende Funktion)도 담당하게 된다.[5]

경찰은 임무규범에서 정한 범위를 넘어설 수 없기 때문에 결과적으로 임무규범에 따라 경찰작용의 광협이 결정되지만. 임무규범은 추상적이며 포괄적인 모습을 띨 수 있다. 다양한 상황에, 어떤 경우에는 전혀 예상하

는 것을 의미하지는 않는다. Götz, Allgemeines Polizei‒ und Ordnungsrecht, Rn. 171 참조.

2) Knemeyer, Funktion der Aufgabenzuweisungsnormen in Abgrenzung zu den Befugnisnormen, DÖV 1978, S. 11; ders., Polizei‒ und Ordnungsrecht, Rn. 73.

3) Denninger/Petri, Normenklarheit und Normbestimmtheit im Polizeirecht-Sieben Thesen, in: Bäumler(Hrsg.) Polizei und Datenschutz, 1999, S. 14 f.; Gusy, Polizeirecht, Rn. 11.

4) 종래 범죄의 수사나 공공의 안녕과 질서 유지와 같이 법률에서 경찰의 임무로 정한 범주를 넘어 이른바 '지역사회에의 봉사' 혹은 '생활밀착형 대국민 서비스'와 같은 관념으로 행하여진 경찰관의 활동은 경찰법제에서의 임무규범에도 불구하고 특별히 문제되지 않았다. 그 자체가 올바르지 않거나 기본권 침해적인 것은 아니기 때문이다. 그러나 손실보상에 있어서는 법률에서 정하고 있는 임무를 벗어난 활동 과정에서 발생한 손실에 대해서는 적법한 직무집행으로 인정되기 어려울 수 있다. 실제의 예로서, 아파트 위에서 누군가 강아지를 던졌다는 사고가 접수되어 경찰관이 동물학대 혐의자를 파악하기에 앞서 생명이 위급한 강아지의 구호를 위해 인근 동물병원에서 긴급치료를 받게 하였고, 동물병원 측이 치료비용에 대한 손실보상을 청구한 사안에서 동물의 생명구조는 경찰관의 직무집행 범위에 들지 않는다고 하여 보상청구를 기각한 사례(경기남부청 2017년 5월)가 있다. 이에 대해서는 김성태, 경찰작용에서의 손실보상, 홍익법학 제19권 제4호(2018. 12), 456면 이하 참조.

5) Knemeyer, Funktion der Aufgabenzuweisungsnormen in Abgrenzung zu den Befugnisnormen, S. 11; ders., Polizei‒ und Ordnungsrecht, Rn. 73; Gusy, Polizeirecht, Rn. 11.

지 못한 형태의 법익 손상 상황에 대처하게 되는 경찰활동의 특성에 따라 그 범위를 정해야 하기 때문이다. 임무규범의 이러한 특징으로 인하여 경찰작용의 범위가 올바르게 정립될 수 있도록 하기 위해서는 임무규범의 제정과 해석에 있어 특별한 주의가 필요하다. 경찰이 활동해야 하는 경우를 충분히 포괄하면서도 과도하게 넓히지 않는 최적의 규정을 마련하여야 하고 이를 정교하게 해석·적용할 것이 요구된다.

2) 제2조의 임무규범성

1991년에 제정된 경찰법은 현재 제3조에서 국가경찰의 '임무'를 명시하고 있다. 동조가 임무규범임은 의문의 여지가 없으며, 이 규정에 의하여 국가경찰의 작용영역 혹은 활동범위가 정해진다. 동조의 제목이 "국가경찰의 임무"라고 되어 있음에 비해서 1953년 제정된 이래의 경찰관 직무집행법 제2조는 "직무의 범위"라는 제목하에 경찰관은 1. 국민의 생명·신체 및 재산의 보호, 2. 범죄의 예방·진압 및 수사, 2의2. 범죄피해자 보호, 3. 경비, 주요 인사(人士) 경호 및 대간첩·대테러 작전 수행, 4. 치안정보의 수집·작성 및 배포, 5. 교통 단속과 교통 위해(危害)의 방지, 6. 외국 정부기관 및 국제기구와의 국제협력, 7. 그 밖에 공공의 안녕과 질서 유지의 직무를 수행한다고 규정하고 있다. 이 규정에 대해서는 경찰관의 임무만을 정한 것인지 아니면 이에 더하여 경찰관에게 일정한 침해적 조치를 취할 수 있는 권한까지 부여한 것인지의 논란이 있다.

뒤에서 검토하는 바와 같이 임무와 권한을 분리하여 규정함이 타당하다고 보지만,[6] 처음 경찰관 직무집행법이 제정되었던 당시에는 임무와 권한의 분리 관념이 뚜렷하지 않았고,[7] '경찰관은 … 직무를 수행한다.'라는

---

6) 후술하는 제7장 1. 참조.
7) 1953년에 제정된 경찰관 직무집행법은 1948년 일본의 경찰관등 직무집행법을 거의 그대로 계수하여 제정된 것이고 일본의 경찰제도는 주로 프로이센 경찰제

규정 형태를 보면 동조를 기본권 침해적 조치까지도 수권하는 조항으로 해석하는 것 역시 어느 정도 이유가 있다. 제2조의 권한규범성을 인정하게 되면 특히 제7호가 일반수권조항인가의 문제가 제기된다.[8] 그러나 어떤 입장에 서 있든[9] 경찰관 직무집행법 제2조의 제목과 내용을 보면 동조가 적어도 경찰의 활동범위를 정하는 임무규범으로서의 성격을 갖고 있음은 부정할 수 없다.[10]

3) 예방임무와 진압임무

경찰의 임무수행은 내용적으로 공공의 안녕과 질서에 대한 위험을 방지하는 작용, 즉 예방임무(präventive Aufgabe)와 범죄수사 및 형사소추를 그 핵심으로 하는 진압임무(repressive Aufgabe)로 나뉠 수 있다. 예방임무와 진압임무는 전자가 아직 발생하지 않은, 예상되는 법익 손상에 대한 작용이고 후자는 이미 완성된 혹은 적어도 시도된, 처벌되는 행위에 의한 손

도의 영향을 받은 것으로 설명되고 있다(장영민/박기석, 경찰관직무집행법에 관한 연구, 1995, 26면 이하 참조). 그러나 독일에서 임무와 권한의 명확한 분리는 1977년 모범초안(MEPolG) 이후 주경찰법들에서 나타난다. Knemeyer, Polizei— und Ordnungsrecht, Rn. 12 참조.

8) 일반수권조항과 관련하여서는 그 인정 여부 및 합헌성이 우선 문제되고, 그에 대해서는 수많은 논의가 있어 왔다. 헌법재판소 결정에서도 그 허용성이나 존부가 논란이 되기도 하였는바, 경찰에 의한 서울광장 통행저지행위 위헌확인결정(헌법재판소 2011. 6. 30. 선고, 2009헌마406)에서 다수의견은 이 문제를 명시적으로 다루지 않았지만, 재판관 2인의 보충의견은 경찰관직무집행법 제2조와 관련하여 일반수권조항성을 부인하였고 반대의견 2인은 이를 인정하였다.

9) 저자는 일반수권조항의 허용성 및 합헌성을 인정하는 입장인바, 그 논거에 대해서는 김성태, 집회·시위 현장에서의 촬영에 대한 행정법적 근거와 한계, 경찰법연구 제6권 제2호(2008. 12), 123면 이하 참조.

10) 이처럼 임무에 대한 규정을 작용법에 마련한 예는 후술하는 독일의 주경찰법들에서 발견할 수 있다. 우리 법제의 경우 조직법으로 이해되는 경찰법 제3조에서도 경찰의 임무를 정하고 있는 것은 종래 행정기관의 관할권에 대한 규정을 조직법에 포함시키던 입법방식의 연장선에서 이루어진 것으로 볼 수 있다.

상 야기에 대한 작용이라는 점에서 서로 구별된다.[11] 예방임무와 진압임무의 수행은 그 목적과 작용 시점이 다르며, 근거법규, 절차, 쟁송 등에 있어 차이를 보인다. 독일의 경우 양자를 이론적으로 엄격하게 구별하고 있고, 규율의 법제 역시 명확히 달리하고 있다.[12] 국내 학계 역시 대체적으로 이와 같은 구별을 인정하고 있다.[13]

경찰관 직무집행법 제2조는 그러나 제1호부터 제7호까지의 임무를 규정함에 있어 예방임무와 진압임무를 특별히 구분하고 있지는 않다. 제1호 국민의 생명·신체 및 재산의 보호, 제2호에서 범죄의 예방 부분, 제2의2호 범죄피해자 보호, 제3호의 경비, 주요 인사(人士) 경호 부분, 제5호 교통 위해의 방지 부분은 예방임무로, 제2호에서 범죄의 수사 부분은 진압임무로 분류할 수 있다. 제3호에서 대간첩·대테러 작전 수행 부분과 제5호의 교통 단속 부분은 예방적 경찰작용을 그 내용으로 할 여지도 있지만 주로 진압임무의 범주에 포함시킬 수 있는 작용들이다.

제4호 치안정보의 수집·작성 및 배포는 치안정보의 내용과 범위, 수집·작성 및 배포의 목적 등에 따라 예방임무 혹은 진압임무에 속하게 된다. 제6호 외국 정부기관 및 국제기구와의 국제협력은 다른 각호의 경찰임무들과는 상당한 거리가 있다. 동호는 테러, 조직범죄, 마약 등의 예와 같이 경찰작용에 있어 국제적 범죄 및 법익침해에 대응하며 외국 등과의 긴밀한 협력 요구가 증대되는 현실을 반영한 규정으로 이해할 수 있다. 동호에 따른 경찰작용 역시 구체적 내용에 따라 예방임무와 진압임무 어느 쪽으로도 분류될 수 있다. 제2호의 범죄의 진압은 계속되는 범죄행위의

---

11) Denninger, Polizeiaufgaben, Rn. 169.
12) Götz, Allgemeines Polizei – und Ordnungsrecht, Rn. 83 이하; Knemeyer, Polizei – und Ordnungsrecht, Rn. 120 이하 참조.
13) 다만 독일과는 달리 장해의 제거(Störungbeseitigung)를 진압임무로 설명하기도 하여 진압임무를 범죄수사 및 형사소추에 한정하지 않는 모습을 보이기도 한다. 예컨대 김동희, 행정법II, 2018, 199면; 김남진/김연태, 행정법II, 2005, 257면; 김철용, 행정법, 2011, 993면 참조.

제압, 현행범 체포의 의미를 가질 수 있기 때문에 전자의 경우 장해의 제거로서 예방임무에, 후자의 경우 수사 및 형사소추로서의 진압임무에 해당하게 된다. 즉, 두 임무가 '혼합된 상태'(Gemengelage)로서 실제 작용에 있어 '주된 목적'(Schwergewicht)이 무엇이냐에 따라 예방임무 혹은 진압임무로 분류된다.[14]

경찰관 직무집행법은 제2조 제7호에서 "그 밖에 공공의 안녕과 질서 유지"라는 임무를 규정하고 있다. 제1호부터 제6호까지 예방임무와 진압임무를 함께 열거하고 그에 이어 '그 밖에' 공공의 안녕과 질서 유지라는 표현을 사용하고 있기 때문에 제7호가 예방적 경찰작용만을 일반적으로 지정한 것인지 아니면 진압적 경찰작용도 함께 지정한 것인지 의문이 있게 된다.

손상이 발생하여 법익침해가 계속되는 경우 또는 발생된 손상이 또 다른 손상을 초래할 개연성이 있는 경우의 손상 – 즉, 장해(Störung) – 을 제거하는 것을 진압임무가 아닌 위험방지로서의 예방임무로 분류하는 독일에서의 일반적 견해에 따른다면, 진압적 작용은 예측된 손상이 '회복불능의 손상'(irreparabeler Schaden)으로 현실화된 후에 비로소 의미를 갖게 되는바, 이 경우에 실제 가능한 경찰의 작용은 단지 범죄의 수사 또는 범칙금 등 벌칙부과 관련 작용 외에는 상정하기 어렵다. 범죄의 수사는 제2호에서 경찰임무로 별도로 명시되어 있고 범칙금 등 부과관련 작용은 개별법 규정에 의하더라도 경찰작용의 영역이 불명확하게 되지는 않기 때문에 제7호에 군이 진압적 작용도 포함된 것이라고 해석하여야 할 필요성은 크지 않다. 동호에 의한 작용을 주로 위험방지로서의 예방임무로 이해하더라도 별 문제는 없다고 본다. 결과적으로 제7호의 유지는 '현존하고 있는 법익을 유지하기 위한(zur Bewahrung eines vorhandenen Bestandes an Rechts– und Lebensgütern) 예방적 활동'[15] 정도의 의미가 된다.

---

14) Knemeyer, Polizei– und Ordnungsrecht, Rn. 122.
15) Denninger, Polizeiaufgaben, Rn. 14 참조.

4) 정보활동에 대한 임무지정

경찰의 정보활동 가능 여부와 그 범위는 경찰의 다른 임무와 마찬가지로 임무규범에 의해서 정해진다. 임무규범에서 정보활동을 경찰 임무로 정하는 경우 정보활동 영역이 개설되며, 이 한도 내에서 정보활동을 할 수 있다. 그러나 경찰이 정보활동을 함에 있어 반드시 임무규범이 이를 명시하여야만 하는 것은 아니다. 임무규범에 의하여 여타 경찰임무가 지정되어 경찰의 작용영역이 설정되면 그와 같은 임무 수행에 수반되는 정보활동 역시 이 범위에 포함된다고 보기 때문이다.[16] 또한 임무규범의 지정 없이 곧바로 침해적 정보활동조치를 개별 법률조항에 의해서 수권하는 것도 가능하고, 이에 따라 정보활동 임무가 설정될 수도 있다.

우리 경찰법의 해석과 이론체계에 많은 영향을 미친 독일의 주경찰법들은 임무규범에서 정보활동을 명시적으로 규정하고 있지 않다. 1986년 보충초안(VEMEPolG)이[17] 기존 위험방지 임무에 새로운 개념을 추가한 임무규범의 변경을 제안하였고, 이에 부응하여 여러 주의 경찰법들은 임무규범을 변경한 바 있다.[18] 주경찰법들은 임무규범의 보완과 함께 개인정보의 수집, 저장, 가공, 이용, 제공 등에 관한 권한들을 추가하고 있다. 그럼에도 불구하고 주경찰법들이 정보활동을 경찰임무로 명시하지 않은 것은 정보활동이 임무규범에 의해서 지정된 위험방지 등 임무의 수행에 당연히 수반되는 것으로 보았기 때문일 것이다.[19] 후술하는 바와 같이 프랑

---

16) 같은 취지로는 김연태, 치안정보의 효율적인 관리방안에 관한 연구, 치안연구소 연구보고서(2000, 9), 80면; 김동희, 행정법II, 240면; Gusy, Polizeirecht, Rn. 165 참조.
17) Vorentwurf zur Änderung des Musterentwurfs eines einheitlichen Poli-zeigesetzes des Bundes und der Länder: 연방과 주의 통일적 경찰법 모범초안의 변경을 위한 예비안(1986. 3. 12.).
18) 그에 대해서는 후술하는 제3장 1. 참조.
19) Knemeyer, Polizei- und Ordnungsrecht, Rn. 80 참조.

스, 영국, 미국의 경우에도 경찰작용에 관한 일반법적 지위를 갖는 법률에 의한 별도의 임무지정 유무와 상관없이 – 법령과 판례를 보면 – 정보활동이 경찰의 임무로서 인정되고 있음을 알 수 있다.

요컨대 경찰의 정보활동에 대해서는 반드시 별도의 임무규범이 꼭 필요한 것은 아니다. 경찰관 직무집행법 제2조가 정보활동과 관련하여 제4호에서 치안정보의 수집·작성 및 배포를 임무로 명시하고 있지만, 이러한 규정이 없다 하더라도 동조에서 범죄의 예방·진압 및 수사, 공공의 안녕과 질서의 유지 등 여러 경찰 임무를 지정하고 있어 이들 임무 수행에 필요한 정보활동 역시 경찰작용 영역 내의 것으로 인정된다. 경찰 정보활동에 대한 임무지정을 이와 같이 이해한다면 경찰관 직무집행법이 치안정보의 수집·작성 및 배포를 따로 명시하고 있는 것이 어떤 의미를 갖는 것인가에 관한 의문이 자연스럽게 제기된다.

2 치안정보의 수집·작성 및 배포

1) 규정의 연혁[20]

현재와 같은 치안정보의 수집·작성 및 배포 임무가 경찰관 직무집행법에 들어오게 된 것은 1981년 4월 13일 개정 경찰관 직무집행법(법률 제3427호)에서이다. 제2조에 "직무의 범위" 조항을 새로 규정하면서 다른 직무들과 함께 열거되었다. 공식적 개정 이유는 "경찰관의 직무의 범위를 현실정에 맞도록 구체적으로 정함"이었다. 처음 개정 당시에는 경찰관 직무집행법 제2조 제3호에 위치하였다가 그 후 제2조의 추가적 개정 과정에서

---

[20] 치안 및 치안정보 용어 사용의 연혁에 대해서는 오병두 교수님(홍익대)의 자문과 도움이 있었음.

현재와 같이 제4호로 규정되었다. 1991년 5월 31일 제정된 경찰법(법률 제4369호)에서는 제3조 "경찰의 임무"에서 치안정보의 수집으로 규정되었다가, 2011년 8월 4일 개정(법률 제11032호)에서 경찰관 직무집행법과 동일하게 수집·작성 및 배포로 확대되었다.

경찰관 직무집행법이나 경찰법에서 치안정보에 대한 활동을 규정하기전에는 법령이나 문헌에서 주로 '사찰' 또는 '사찰정보'라는 용어가 사용되었다. 1948년 11월 4일 내무부직제(대통령령) 제6조가 사찰과를 규정하였고,21) 동조 제6항 사찰과의 업무가 현재의 경찰 정보활동과 유사한 내용을 포함하고 있는 것으로 파악된다.22) 1976년 4월 15일 개정 내무부직제(대통령령 제8078호)에서 정보과를 정보1과와 정보2과로 나누고 구체적인 업무를 명시하며(제12조 제1항, 제3항, 제4항). 정보1과의 업무를 "치안에 관련되는 첩보의 수집 및 분석"으로 정하면서(제3항) 치안정보에 관한 활동이 법령에 등장하게 된다.

2) 치안 및 치안정보의 의미

법령에서의 치안이라는 용어 사용은 일본에서 유래한 것으로 파악된다. 일본은 치안경찰법(법률 제36호, 1900. 3. 10.)과 치안유지법(법률 제46호, 1925. 4. 22.)을 두었고, 치안경찰법 이후 관행적으로 이 법에 따른 경찰작용을 '치안경찰'로 부르기도 하였다.23) 우리의 경우 일본 치안경찰법을 토

---

21) 내무부직제(대통령령 제18호, 1948. 11. 4. 제정) 제6조 [①] 치안국에 경무과, 보안과, 경제과, 사찰과, 수사지도과, 감식과, 통신과, 여자경찰과 및 소방과를 둔다.
    [②]~[⑤] 생략
    [⑥] 사찰과는 민정사찰 및 외사경찰에 관한 사항을 분장한다.
    [⑦]~[⑪] 생략
22) 유사원, 査察警察提要, 1955, 263면.
23) 치안경찰이란, "직접적으로 국가사회 전체의 평안을 목적으로 하는 경찰로서, 이를 구체적으로 말하면 정치에 관한 경찰, 사회운동 및 민족운동에 관한 경찰,

대로 규제의 폭과 처벌내용을 확대·강화한 법률인 보안법(법률 제2호, 1907. 7. 24.)[24] 제7조에서 '치안을 방해한 자'(治安을 妨害한 者(눈))라는 문언이 발견된다. 미군정 시기 태평양 미국 육군총사령부 포고 제2호(「범죄 또는 법규위반」, 1945. 9. 7.)[25]에서 'public peace'를 직역한 '공중치안'이라는 표현도 보인다. 대한민국헌법 제정 후 법률 제1호인 정부조직법(1948. 7. 17.) 제15조에서 내무부장관의 사무로 치안이 규정되었고, 이에 따른 내무부직제(대통령령 제18호, 1948. 11. 4.) 제6조 제1항에서 치안국을 두었으며, 현재까지 여러 법률들에서 치안이라는 용어가 사용되고 있다.[26]

치안은 사전적으로 "나라를 편안하게 다스림. 또는 그런 상태" 혹은

외사경찰, 출판경찰, 종교경찰을 그 주된 내용으로 한다."는 설명(松華堂編輯部編, 治安警察敎本, 1936, 1면)이 그러한 예의 하나이다. 또한 政法学会 編, 警官実務必携, 1912, 84~89면에서는 고등경찰의 업무에 "治安警察", "豫戒令", "新聞紙", "著作權", "出版" 등을 열거하고 있다.

24) 국가기록원, "보안법", http://theme.archives.go.kr/viewer/common/archWeb ViewerPdf.do?pdf_path=/Q/indy-ebook/content/pdf/majorActs11.pdf (2020. 7. 1. 검색).

25) https://ko.wikisource.org/wiki/태평양미국육군총사령부포고_제2호.

26) 현재 경찰관 직무집행법(제2조)과 경찰법(제2조, 제3조, 제16조, 제17조, 제25조, 제26조) 외에 정부조직법(제34조), 경찰공무원 보건안전 및 복지 기본법(제1조), 경찰대학 설치법(제1조), 교육시설 등의 안전 및 유지관리 등에 관한 법률(제2조), 국방개혁에 관한 법률(제28조), 국제연합 평화유지활동 참여에 관한 법률(제2조), 군인사법(제54조의2), 군인 재해보상법(제39조), 방위사업법(제51조), 병역법(제25조), 소프트웨어산업 진흥법(제24조의2), 수중레저활동의 안전 및 활성화 등에 관한 법률(제9조), 스마트도시 조성 및 산업진흥 등에 관한 법률(제40조), 어선안전조업법(제8조), 의무경찰대 설치 및 운영에 관한 법률(제1조), 자격기본법(제11조), 자동차관리법(제70조), 재난 및 안전관리 기본법(제52조), 재외국민보호를 위한 영사조력법(제2조), 재일교포 북송저지 특수임무수행자 보상에 관한 법률(제2조), 전기통신사업법(제65조), 전파법(제9조), 정보통신기반 보호법(제2조), 제주특별자치도 설치 및 국제자유도시 조성을 위한 특별법(제94조, 제100조), 지능정보화 기본법(제14조), 지방자치분권 및 지방행정체제개편에 관한 특별법(제12조), 철도안전법(제48조의2), 청년고용촉진 특별법(제6조), 통합방위법(제2조), 해양경비법(제1조, 제2조), 해양경찰법(제1조, 제2조, 제14조), 해양환경관리법(제43조)에서 치안 용어의 사용이 발견된다.

"국가 사회의 안녕과 질서를 유지하고 보전함"으로 정의되고 있다.[27] 우리 법제에서 종래 사용되었던 치안의 의미도 이와 비슷한 맥락에서 이해할 수 있을 것이다. 즉, '공공의 안녕' 또는 '공공의 안녕을 유지하는 국가적 작용' 정도의 의미를 갖는다. 이미 1907년의 보안법에서 치안이라는 표현은 제7조에서 한 번만 등장하며[28] 다른 조항(제1조 및 제2조)에서 치안과 같은 의미로 이해될 수 있는 '안녕질서'라는 용어를 사용하고 있다.[29] 이와 같은 해석은 현재 치안에 대해 규정하고 있는 법률들에서도 마찬가지라 할 수 있다. 특히 현행 법률들에서 사용되는 치안 용어는 "국방·치안 등의 사유로"(교육시설 등의 안전 및 유지관리 등에 관한 법률 제2조), "국방·외교·치안·전력(電力), 그 밖에 국가안보 등과 관련된 사업으로서"(소프트웨어산업 진흥법 제24조의2), "국가시범도시에서 연구·개발 또는 치안·안보·안전의 목적으로"(스마트도시 조성 및 산업진흥 등에 관한 법률 제40조)의 예에서 나타나는 바와 같이 국방, 안보와 같은 외부로부터의 국가 존립에 대한 위협을 방지하는 것과 구별하여 주로 국가 내부에서의 안전의 확보라는 의미로 사용되고 있다.[30]

치안정보에 대해서는 종래 이를 정치, 경제, 사회, 문화 전반에 관한 정보로 파악하기도 하였다.[31] 또한 치안정보의 개념이 모호하여 경찰 정보활동이 오·남용되고 있다는 비판이 제기되기도 한다. 이는 특히 경찰청과 그

---

27) 한컴사전(민중국어사전)에서의 정의임.
28) 동법의 입법 모델이었던 일본의 치안경찰법 역시 치안이라는 용어가 본문에서는 사용되고 있지 않다.
29) 「보안법」은 "안녕질서를 유지하기 위하여 필요한 경우"[安寧秩序를 保持ᄒ기 爲ᄒ야 必要홀 境遇] 내부대신으로 하여금 결사를 해산하거나(제1조), 경찰관으로 하여금 "집회나 다중의 운동, 혹은 군집"을 제한·해산할 수 있도록 하고 있다(제2조).
30) 이 외에도 예컨대 국방개혁에 관한 법률(제28조), 군인 재해보상법(제39조), 국제연합 평화유지활동 참여에 관한 법률(제2조), 군인사법(제54조의2), 군인 재해보상법(제39조) 등의 치안 역시 같은 의미로 해석될 수 있다.
31) 이수일, 신경찰관직무집행법, 1983, 30면.

소속기관 직제 제14조 제3항이 정보국의 업무로 정치·경제·노동·사회·학원·종교·문화 등 제분야에 관한 치안정보(제2호)와 정책정보(제3호)의 수집·종합·분석·작성 및 배포를 규정하고 있는 것과 연관되어 있다.[32)]

앞에서 검토한 치안의 개념에 따른다면 치안정보는 주로 공공의 안녕과 질서를 유지하기 위한 정보로 파악된다.[33)] '경찰관 직무집행법 제2조, 경찰청과 그 소속기관 직제 제14조에 따른 정보활동 과정에서 준수하여야 할 사항을 규정하는 것'을 목적으로 하는 정보경찰 활동규칙(경찰청훈령 제909호, 2019. 1. 22.)은 치안정보의 개념을 따로 정하고 있지는 않지만, 제2조에서 정보활동을 공공안녕에 대한 위험의 예방 및 대응을 위한 것으로 한정하고 있고, 제4조가 정보활동 범위로 정하고 있는 정보의 종류와 내용을 보면 현재 경찰실무 역시 치안정보를 주로 공공의 안녕과 질서를 유지하기 위한 정보로 한정하여 이해하고 있는 것으로 보인다.

경찰관 직무집행법 제2조 제4호가 치안정보의 수집·작성 및 배포만을 규정하고 있지만, 치안정보에 대한 정보활동이 이에 국한되는 것은 아니며, 정보의 수집 등 처리 가운데 일부를 예시적으로 규정한 것으로 해석하여야 한다. 경찰청과 그 소속기관 직제(제14조 제3항) 및 동시행규칙(제11조 제4항)에서 수집·작성 및 배포 외에 종합, 분석, 조정을 추가하고 있는 것도 같은 취지로 이해할 수 있다.

---

32) 그에 대해서는 이성용, 경찰 정보활동의 법적 문제에 관한 해석론적 고찰, 경찰법연구 제10권 제1호(2012. 6), 128면; 오병두, 정보경찰 개혁방안, 민주법학 제68호(2018. 11), 274면 이하; 황규진, 치안정보의 개념에 관한 연구, 80면 이하 참조.

33) 같은 취지 장영민/박기석, 경찰관직무집행법에 관한 연구, 57면; 치안정보를 '국가의 안전과 사회 공공의 안녕질서를 해할 개연성이 큰 범죄에 관한 정보'로 더 좁혀서 이해하는 견해로는 오병두, 경찰의 일반정보활동에 대한 검토, 민주법학 제30호(2006. 3), 207면.

3) 예방임무 혹은 진압임무 여부

경찰의 다양한 정보활동 역시 예방임무·진압임무의 구별이 가능하다. 예를 들어 범죄예방, 사고발생 시의 신원확인 및 구호의 목적으로 행하는 정보의 수집은 위험방지작용에 포함되어[34] 예방임무에 속하고, 범죄의 규명 및 범인의 발견을 위한 정보수집은 진압임무에 해당된다.

정보활동에 대한 예방임무·진압임무의 구별은 특히 개인정보보호에 있어 핵심적으로 요구되는 목적구속원칙의[35] 준수에서 문제된다. 위험방지를 위하여 행하는 개인정보에 대한 정보활동과 형사소추를 위한 개인정보에 대한 정보활동은 추구하는 목적이 서로 다르기 때문에 법률 규정은 통상 양쪽 정보활동의 요건을 서로 달리 규정하게 되고, 각기 다른 목적으로 취득된 개인정보를 두 임무에서 제한 없이 이용할 수 있다면 법률이 서로 다르게 정한 기본권제한의 요건과 한계를 우회하는 결과가 된다.[36] 따라서 개인정보의 활용에 있어 개인정보가 예방임무에서 수집된 것인지 진압임무에서 수집된 것인지를 항상 고려하여야 한다.[37]

---

34) 사고발생 시의 신원확인이 피해자에 대한 응급구호의 필요에서 행해지는 경우 그 자체 장해 제거로서의 의미를 갖는바, 전술한 바와 같이 독일의 일반적 견해는 장해의 제거 역시 위험방지로서 예방경찰에 포함하여 이해한다. Denninger, Polizeiaufgaben, Rn. 15; Gusy, Polizeirecht, Rn. 103 참조.

35) 경찰 정보활동에 있어서의 목적구속원칙에 대해서는 김성태, 개인관련정보에 대한 경찰작용 – 독일 주경찰법에서의 규율, 경찰법연구 창간호(2003. 6), 103면 참조.

36) Alberts/Merten, Gesetz über die Datenverarbeitung der Polizei, 1995, S. 179, Rn. 2; Bäumler, Informationsverarbeitung im Polizei – und Strafverfahrensrecht, in: Lisken/Denninger(Hrsg.), Handbuch des Polizeirechts, 3. Aufl., Rn. 734; 현재 독일 형사소송법과 주경찰법들은 목적의 변경을 통한 정보활용이 가능케 하는 조항들을 두고 있다. 이에 대한 개관은 서정범/박병욱(역), 쿠겔만의 독일경찰법, 2015, 235면 이하 참조.

37) 헌법재판소 지문정보결정(헌법재판소 2005. 5. 26. 선고, 99헌마513(2004헌마190병합) 결정)은 주민등록발급신청서에서의 열손가락 지문 날인, 날인된 지문의 경찰로의 송부 및 범죄수사목적이용의 위헌성 여부에 대하여 판단하고 있

치안정보의 개념이 명확하게 확정된 것은 아니어서 현행 치안정보의 수집·작성 및 배포가 예방임무인지 혹은 진압임무인지 혹은 양쪽 모두의 임무에 해당하는지는 분명하지 않다. 헌법재판소는 지문정보결정에서 "지문날인제도의 입법목적으로는, 주민의 거주관계 파악 및 행정사무의 적정, 간이한 처리라는 주민등록제도 일반에 관한 입법목적 외에도 치안유지나 국가안보가 보다 적극적으로 고려된 것이고, 이러한 입법목적에는 날인된 지문의 범죄수사목적상 이용도 포함됨은 자명하다."고 설시하고 있다.[38] 헌법재판소의 이러한 설시는 치안유지나 국가안보를 위한 경찰작용에 이미 행하여진 구체적 범죄에 대한 수사, 즉 진압임무도 포함되는 것으로 이해하는 것처럼 보인다. 결과적으로 현행 치안정보의 수집·작성 및 배포는 단지 예방임무뿐만 아니라 진압임무로서의 정보활동도 포괄하게 된다.

이와 같은 헌법재판소의 이해가 잘못된 것이라 단정할 수는 없다. 그러나 치안유지가 범죄의 수사와 처벌을 통해서만 이루어지는 것은 아니며, 범죄행위와 관련된 법익 손상의 방지 나아가 범죄 이외의 사정에 의한 법익 손상 개연성의 차단에 의해서도 행해진다는 점은 분명하다. 따라서 치안정보의 수집·작성 및 배포는 예방임무로서도 행해질 수 있다.

다. 이 결정에서 반대의견은 명시적으로 예방임무와 진압임무를 구별하지는 않지만, 다음과 같이 행정사무처리목적과 범죄수사목적을 분리하고 수사절차에 있어 기본권 관련 대상이나 제한 내용이 달라 그에 대한 법적 근거가 달라진다는 점을 지적하고 있다: "경찰청장이 지문원지를 수집·보관하는 행위는 법률상의 근거가 없는 것이므로 개인정보 침해의 위험성이 더 큰 지문정보 전산화나 범죄수사목적에 활용하는 행위는 더욱더 법률상 근거가 없는 것이 된다. 주민등록제도의 입법목적은 주민의 거주관계 등 인구 동태를 파악하여 주민생활의 편익을 증진시키고 행정사무의 적정한 처리를 도모하는 데에 있다. 그런데 범죄수사목적으로 지문정보를 수집·활용하는 것은 행정절차가 아니라 형사절차의 하나인 수사절차의 일환이다. 수사절차로 이행되면 기본권 관련 대상이나 그 제한내용이 달라지고 그에 따라 개인의 기본적 인권에 미치는 영향과 의미는 다르게 된다. 따라서 당초 수집목적 외의 목적으로 개인정보를 활용하려면 별도의 법적 근거가 필요하다."

38) 헌법재판소 2005. 5. 26. 선고, 99헌마513(2004헌마190병합) 결정.

4) 제7호 공공의 안녕과 질서 유지 규정과의 관계

앞서 본 바와 같이 제7호를 예방임무에 관한 것으로 파악하는 경우 이는 위험방지작용을 일반적으로 지정하는 일종의 '일반임무조항'(Generalklausel für Aufgabe)으로 볼 수 있다. 여기에서 일반적으로 지정하고 있다 함은 경찰관 직무집행법 제2조에 열거된 다른 예방임무가 공공의 안녕과 질서 유지의 구체적 예가 된다는 의미와 함께 이들 임무에 해당하지 않거나 개별법령에 위험방지에 대한 별도의 임무지정이 없는 경우에도 제7호에 의해 경찰에 의한 예방적 작용의 영역이 설정됨을 뜻한다.

제2조가 직접 공공의 안녕과 질서에 대한 위험의 방지를 명시하고 있지는 않지만 제7호를 통하여 공공의 안녕과 질서에 대한 위험의 방지가 경찰 임무의 중심이 된다. 동호에 의하여 공공의 안녕과 질서에 대한 위험의 방지를 위한 경찰 정보활동도 경찰작용 영역에 포함된다. 제4호의 치안정보의 수집·작성 및 배포의 규정이 없다 하더라도 위험방지 목적의 경찰 정보활동 영역이 개설되는 것이다.

치안정보에 범죄수사를 위한 정보가 포함되는 것으로 해석하더라도 제2호에 범죄수사의 임무가 규정되어 있고, 제7호에 의한 진압임무 인정 가능성도 고려한다면 여전히 제4호가 경찰의 정보활동에 있어 특별한 의미를 갖는다고 보기는 어렵다. 만약 특별한 의미를 가지려 한다면 치안정보의 개념이 법률로써 정해진 경찰의 본질적 임무 수행에 수반하는 정보활동에서의 정보, 즉 위험방지 혹은 범죄수사를 위한 정보를 넘어서는 정보까지 포괄하는 것이어야 한다. 그러나 치안에 관한 사무의 관장을 위하여 경찰청을 두는 정부조직법(제34조 제5항), 그에 따라 경찰청의 조직·직무 범위를 따로 정한 경찰법, 그리고 그 범주에서 경찰관의 직무 수행에 필요한 사항을 규정한 경찰관 직무집행법 일련의 체계에서 그러한 해석을 인정할 수는 없다. 경찰청과 그 소속기관 직제 제14조 제3항에서 다소 모호하게 규정되어 있는 정치·경제·노동·사회·학원·종교·문화 등 제분야에 관한 치안정보의 수집·종합·분석·작성 및 배포(제2호)와 정책정보의 수집·종합·분석·작성 및 배포(제3호) 역시 같은 범주에 한정되는 것으로 해석·운용되어야 한다.[39] 물론 기본권 보장을 위한 정보에 있어서의 권력분립,[40] 민주적 기본질서, 실질적 법치주의와 같은 헌법적 가치에 합치하는 별도의 법률이 경찰관 직무집행법에서 포괄하지 않는 임무로서의 경찰 정보활동을 추가적으로 인정하는 것은 가능하다.

결국 임무로 지정된 범위 내에서 경찰이 그 임무에 수반된 정보활동을 할 수 있음이 제7호에 의해서도 인정되며, 제4호는 이와 같이 인정되는 경찰의 정보활동 임무를 다시 명시적으로 확인하는 규정으로 이해하여야 한다.

5) 평가

경찰의 정보활동은 경찰 임무의 효과적인 수행에 있어 중요한 수단이 된다. 경찰관 직무집행법에 치안정보의 수집·작성 및 배포의 규정을 둠으로써 입법자는 이러한 현실적 필요를 인정하며 복잡한 이론적 논증 없이도 경찰이 임무 수행에 필요한 정보활동을 할 수 있음을 분명히 하고 있다. 그러한 점에서 현행 치안정보의 수집·작성 및 배포 규정의 긍정적인 면을 평가할 수 있다. 한편 다른 행정청이 자신이 관할하는 업무의 수행에 필요한 정보수집 등의 행정응원을 실제 정보활동 역량을 갖춘 행정청인 경찰에 요청하는 경우, 행정응원은 해당 직무를 직접 응원할 수 있는 행정청에 요청하여야 하기 때문에(행정절차법 제8조 제3항) 이와 같은 규정이 행정응원으로서 행해지는 경찰 정보활동의 법적 근거가 될 수도

---

39) 정책정보에 있어 결론적으로 같은 취지는 이성용, 경찰 정보활동의 법적 문제에 관한 해석론적 고찰, 131면.
40) 이에 대해서는 김성태, 개인관련정보에 대한 경찰작용 – 독일 주경찰법에서의 규율, 101면 참조.

있다.[41]

그러나 치안정보의 개념이나 범위가 학계 및 실무에서 명확하게 통일되어 있지 않고, 이 규정과 관련된 '정보경찰', '정책정보'에 대한 비판이 시민 사회에서 계속되고 있는 등 여전히 논란이 있다. 현행 규정의 적용과 집행에 있어 입법 목적에 맞는 정보활동이 이루어질 수 있도록 규정의 정확한 해석과 엄정한 준수에 노력하여야 한다. 보다 적극적으로 정보활동 임무규범의 입법적 개선도 고려해 볼 수 있을 것이다.

---

41) 독일 경찰법에서도 예방 및 진압임무 이외에 기본법(GG) 제35조 제1항 및 행정절차법(VwVfG) 제4조 이하에 따른 직무원조(Amtshilfe)를 경찰의 임무로 이해하고 있다. Knemeyer, Polizei – und Ordnungsrecht, Rn. 109 참조.

제3장

외국
경찰법제에서의
정보활동 임무

제3장

외국 경찰법제에서의
정보활동 임무

1 독일

1) 경찰작용에 관한 일반법과 임무규범

독일 기본법(GG)은 국가적 권한의 행사와 임무의 수행은 기본법이 별도로 정하거나 허용하지 않는 한 주의 관할임을 명시하고 있다(제30조). 연방에 전속적 입법권이 부여되거나 연방이 경합적 입법권을 행사하는 경우 외에는 주가 입법권을 갖는다(제70조~제73조). 이와 같은 연방과 주의 권한 및 입법권 배분을 바탕으로 연방의 전속적 입법권한에 속하는 사항과[1] 경합적 입법에 의해 규율되는 사항[2] 이외의 경찰에 관한

---

1) 대략 실질적 의미의 경찰로 볼 수 있는 사항으로는 Art. 73 I Nr. 5, 6, 6a, 9a, 10, 12, 14 GG 참조.
2) 대략 실질적 의미의 경찰로 볼 수 있는 사항으로는 Art. 74 I Nr. 3, 11, 16, 19, 22, 23, 29, 32 GG 참조. 진압임무(범죄수사)와 관련된 것은 Art. 74 I Nr. 1. GG.

사무는 주의 입법사항으로서 각 주가 관할하고 주들이 경찰권을 행사한다. 따라서 경찰기관이라고 볼 수 있는 연방경찰(Bundespolizei), 연방수사청(Bundeskriminalamt) 등을[3] 규율하는 연방법률이 있기는 하지만 주경찰을 규율하는 주경찰법들을 경찰작용과 관련한 일반법으로 이해할 수 있다. 각 주들은 주경찰의 조직, 작용에 관한 법률을 두고 있다.

1986년 보충초안은 종래의 각 주경찰법에 규정된 공공의 안녕 또는 질서에 대한 위험의 방지 임무에 더하여 범죄예방(Straftatenverhütung),[4] 형사소추의 사전대비(Vorsorge für die Straftatenverfolgung),[5] 예방적 범죄퇴치(vorbeugende Bekämpfung von Straftaten), 그리고 위험방지의 준비(Vorbereitung auf die Gefahrenabwehr)라는 임무를 새로이 제안하게 된다. 즉, 보충초안은 기존의 모범초안[6] 제1조 제1항에 제2문을 삽입하는바, "경찰은 이러한 임무범위 내에서 또한 형사소추를 위하여 사전대비하여야 하고 범죄를 예방하여야 하며(예방적 범죄퇴치) 장래의 위험을 방지할 수 있도록 준비하여야 한다(위험방지의 준비)."[7] 제2문의 삽입과 더불어 보충

---

3) 이들 기관에 대한 설명은 서정범/박병욱(역), 쿠겔만의 독일경찰법, 59면 이하 참조; 이들 기관의 정보활동에 관한 법적 규율에 대한 개관은 이성용, 경찰 정보활동의 법적 문제에 관한 해석론적 고찰, 140면 이하 참조.
4) Verhütung이 범죄의 발생을 불가능하게 하는 활동을 뜻하는 Verhinderung으로 이해되므로 '방지' 정도로 번역될 수도 있지만, 특히 장래의 범죄에 대한 경찰활동과 관련하여 사용되고 있다는 점을 보다 분명히 표현하기 위해서, 그리고 본 연구에서 방지로 번역되고 있는 Abwehr와 구분하기 위해서 여기에서는 예방으로 번역하기로 한다.
5) Strafverfolgung을 여기에서 형사소추로 번역하지만, 이와 같은 표현 대신 범죄추적 혹은 범죄수사로 번역할 수도 있다.
6) Musterentwurf eines einheitlichen Polizeigesetzes des Bundes und der Länder: 연방과 주의 통일적인 경찰법을 위한 모범초안(1977. 11. 25.).
7) § 1 Abs. 1 VEMEPolG: Die Polizei hat die Aufgabe, Gefahren für die öffentliche Sicherheit oder Ordnung abzuwehren. Sie hat im Rahmen dieser Aufgabe auch für die Verfolgung von Straftaten vorzusorgen und Straftaten zu verhüten (vorbeugende Bekämpfung von Straftaten) sowie Vorbereitungen zu treffen, um künftige Gefahren abwehren zu können

초안은 다른 행정청에 의한 위험방지임무와 경찰의 위험방지임무 상호 간의 관계를 규정하던 모범초안 제1a조 제1문을 수정하여 경찰의 예방적 범죄퇴치나 위험방지준비의 경우에는 보충성원칙이 적용되지 않음을 분명히 하고 있다.[8] 이는 제1조 제1항 제2문에 의하여 새롭게 규정된 임무의 경찰에 의한 수행을 확보하기 위함이다.[9]

이러한 보충초안의 임무규범 수정 제안 이래 대부분의 주들은 기존 '경찰은 공공의 안녕(또는 질서)에 대한 위험을 방지하여야 한다.'는 임무규범에 더하여 다양한 형태로 반응하는 임무규범을 두고 있다. 다양한 입법적 반응은 주로 위험방지 임무에 대한 이해, 위험방지준비의 내용, 그리고 형사소추사전대비의 입법체계상 지위와 관련되어 있다.

우선 튀링겐주의 경우 보충초안과 동일하게 임무규범을 규정하고 있다.[10] 몇 개의 주들은 보충초안의 임무규범을 실질적인 내용의 변경 없이 수용한다. 메클렌부르크 – 훠포메른주의 경우 보충초안의 임무규범을 약간 손질할 뿐 내용 그대로 받아들이고 있는바, "경찰은 … 위험방지의 범위 내에서 또한 범죄를 예방하고 장래의 형사소추를 위하여 사전대비하여야 하며(예방적 범죄퇴치) 장래의 위험을 방지할 수 있도록 다른 준비를 하여야 한다."[11] 노르트라인 – 베스트팔렌주의 경우 보충초안과 내용적으로 동일하게 규정하되, 위험방지의 준비 임무를 언어적으로 보다 명확히 하고 있다. 즉, "경찰은 공공의 안녕 또는 질서에 대한 위험을 방지하는 임무를

(Vorbereitung auf die Gefahrenabwehr).

8) § 1a Satz 1 VEMEPolG: Die Polizei wird außer in den Fällen des § 1 Abs. 1 Satz 2 nur tätig, soweit die Abwehr der Gefahr durch eine andere Behörde nicht oder nicht rechtzeitig möglich erscheint.

9) Knemeyer, Polizei– und Ordnungsrecht, Rn. 80.

10) § 2 I ThürPAG.

11) § 7 I Nr. 4 SOG MV: Die Polizei hat … im Rahmen der Gefahrenabwehr auch Starftaten zu verhüten und für die Verfolgung künftiger Straftaten vorzusorgen (vorgeugende Bekämpfung von Straftaten) sowie andere Vorbereitungen zu treffen, um künftige Gefahren abwehren zu können.

갖는다(위험방지). 경찰은 이러한 임무범위 내에서 범죄를 예방하고 예방적으로 퇴치하여야 하며 위험 경우에 있어서의 조력과 작용을 위하여 필요한 준비를 하여야 한다."[12] 베를린주의 경우도 이와 유사한 규정을 두고 있다.[13]

함부르크주의 경우 경찰의 정보처리에 관한 법률에서 보충초안의 제안을 받아들여 "제1문에 규정된 임무에는 다음과 같은 목적의 정보 수집과 기타의 처리가 포함된다. 1. 범죄의 예방과 장래의 형사소추를 위한 사전대비(예방적 범죄퇴치), 2. 위험 경우에 있어서의 조력과 작용을 위한 준비"로 규정하고 있다.[14]

다른 몇 개의 주들은 보충초안을 내용적으로 수정한 임무규범을 두고 있다. 헤센주는 "경찰행정청은 또한 예상되는 범죄를 예방하여야 하고 장래 범죄의 형사소추에 사전대비하여야 한다(예방적 범죄퇴치)."고 규정하여 예방적 범죄퇴치라고 하는 보충초안의 제안은 수용하였지만, 위험방지의 준비를 "위험한 경우에 있어서의 조력의 준비"로 축소하여 규정하고 있다.[15] 브란덴부르크주,[16] 라인란트 – 팔츠주,[17] 작센주는[18] 위험방지의

---

12) § 1 I PolG NW: Die Polizei hat die Aufgabe, Gefahren für die öffentliche Sicherheit oder Ordnung abzuwehren (Gefahrenabwehr). Sie hat im Rahmen dieser Aufgabe Straftaten zu verhüten sowie vorbeugend zu bekämpfen und die erforderlichen Vorbereitungen für die Hilfeleistung und das Handeln in Gefahrenfällen zu treffen.

13) § 1 I Satz 1, III BerlASOG: (1) ... Sie haben im Rahmen dieser Aufgabe auch die erforderlichen Vorbereitungen für die Hilfeleistung und das Handeln in Gefahrenfällen zu treffen.
(3) Die Polizei hat im Rahmen der Gefahrenabwehr auch Straftaten zu verhüten sowie für die Verfolgung von Straftaten vorzusorgen (vorbeugende Bekämpfung von Straftaten).

14) § 1 I Satz 2 HambDatPolG: ... Zu den in Satz 1 genannten Aufgaben gehört auch die Erhebung und weitere Verarbeitung von Daten
  1. zur Verhütung von Straftaten und zur Vorsorge für die Verfolgung künftiger Straftaten (vorbeugende Bekämpfung von Straftaten) und
  2. zur Vorberitung für die Hilfeleistung und das Handeln in Gefahrenfällen.

준비와 범죄예방은 규정하되, 장래 범죄에 대한 형사소추의 사전대비를
제외하고 있다.

브레멘주의 경우 경찰이 장래의 위험방지를 위한 준비를 행할 수 있고,
범죄의 예방이 위험방지임무에 포함되는 것으로 규정하고 있다.[19] 니더작
센주의 경우에도 비슷한 규정을 두고 있다.[20]

작센-안할트주의 경우 예방적 범죄퇴치를 규정함에 있어서는 범죄예
방만을 규정하고, 형사소추의 사전대비는 정보활동과 관련한 제2장에서
특별히 규정한 경우에 한하여 경찰의 임무가 되는 것으로 제한하고 있
다.[21]

---

15) § 1 I Satz 2, IV HSOG: (1) … Sie haben im Rahmen dieser Aufgabe auch
die erforderlichen Vorbereitungen für die Hilfeleistung in Gefahrenfällen
zu treffen.
(4) Die Polizeibehörden haben auch zu erwartende Straftaten zu verhüten
sowie für die Verfolgung künftiger Straftaten vorzusorgen (vorbeugende
Bekämpfung von Straftaten).

16) § 1 I Satz 2 BbgPolG: … Sie hat im Rahmen dieser Aufgabe auch
Straftaten zu verhüten (vorbeugende Bekämpfung von Straftaten) und die
erforderlichen Vorbereitungen für die Hilfeleistungen und das Handeln in
Gefahrenfällen zu treffen.

17) § 1 Satz 2 RhPf POG: … Sie haben Vorbereitungen zu treffen, um künftige
Gefahren abwehren zu können (Vorbereitung auf die Gefahrenabwehr).
Die Polizei hat im Rahmen der Gefahrenabwehr auch Straftaten zu
verhüten (vorbeugende Bekämpfung von Straftaten).

18) § 1 Satz 2 SächsPolG: … Sie hat insbesondere
2. Straftaten zu verhindern und vorbeugend zu bekämpfen und
3. Vorbereitungen zu treffen, um künftige Gefahren abwehren zu können.

19) § I Satz 2, 3 BremPolG: … Sie trifft dazu auch Vorbereitungen, um
künftige Gefahren abwehren zu können. Die Abwehr von Gefahren für
die öffentliche Sicherheit umfasst auch die Verhütung von Straftaten.

20) § 1 Satz 2 NdsSOG: … Sie treffen hierbei auch Vorbereitungen, um
künftige Gefahren abwehren zu können. Die Polizei hat im Rahmen ihrer
Aufgabe nach Satz 1 insbesondere auch Straftaten zu verhüten.

21) § 2 I SOG LSA: Die Polizei hat im Rahmen der Gefahrenabwehr auch zu
erwartende Straftaten zu verhüten (vorbeugende Bekämpfung von

한편, 바이에른주(2019년 12월 10일 개정 경찰법: BayPAG), 바덴뷔르템베르크주(2019년 3월 27일 개정 경찰법: BWPolG), 잘란트주(2018년 8월 22일 개정 경찰법: SPolG), 슐레스비히-홀슈타인주(2019년 2월 13일 개정 일반행정법: LVwG SH)는 단지 정보수집 및 처리에 있어서 예방적이거나 사전대비적인 권한규범만을 둘 뿐, 보충초안이 제시하고 있는 임무규범의 보완은 여전히 받아들이지 않고 있다.

바이에른주의 경우 "경찰은 공공의 안녕과 질서에 대한 일반적으로 혹은 개별 사안에서 존재하는 위험들을 방지하는 것을 임무로 한다."는 기존 바이에른주 경찰법 제2조 제1항이[22] 이미 구체적 위험의 방지뿐만 아니라 구체적 위험 전 단계에서의 경찰의 사전대비작용과 관계있는 것으로 해석될 수 있는 '일반적으로 존재하는 위험'(allgemein bestehende Gefahr)의 방지까지 규정하고 있어 보충초안에서와 같은 추가적인 개념의 도입이 불필요한 것으로 보고 있다.[23]

위와 같은 보충초안과 주경찰법에서의 임무규범의 변화는 보다 앞쪽 단계에서의 경찰활동을 고려한 것이고 종래 경찰이 행하던 구체적 위험의 방지와는 다른 것으로 이해되지만, 그것이 정확하게 어떤 단계에서의 작용인지 그리고 이론적으로 어떻게 설명될 수 있는지에 관해서는 독일 학계에서도 명쾌하게 규명되고 있지 않다. 이와 같은 임무는 고전적인 경찰임무를 넘어서는 것으로서 경찰상 사전대비원칙을 지향하는 것이며 고전적인 경찰법과의 결별을 의미한다고 하거나,[24] '제3의 임무범주의 단초'라

Straftaten). Die Vorsorge für die Verfolgung von Straftaten obliegt der Polizei nach deisem Gesetz nur, wenn die folgenden Vorschriften des Zweiten Teils dies besonders regeln.

22) Art. 2 Abs. 1 BayPAG: Die Polizei hat die Aufgabe, die allgemeien oder im Einzelfall bestehenden Gefahren für die öffentliche Sicherheit oder Ordnung abzuwehren.

23) Knemeyer, Vorsorge für die Gefahrenabwehr sowie die Straftatenverfolgung, in: Kawazoe/Kobayashi (Hrsg.), Recht und Gerechtigkeit, 1993, S. 141.

24) Pitschas, Fortentwicklung des Polizeirechts und Legalität des Staates, Sch-

고 설명하는 것은[25] 새로운 임무로 이해하는 입장이다. 종래의 위험방지에 더하여 위험사전대비(Gefahrenvorgsorge)의 임무가 경찰에 부여되고, 이는 1950년 9월 27일 헌법보호법(Verfassungsschutzgesetz) 이래의 경찰과 헌법보호국(Verfassungsschutzbehörde) 및 정보국(Nachrichtendinent) 간 분리원칙에[26] 의한 앞쪽 단계에 대한 관할이 더 이상 헌법보호국 등만의 것이 아님을 의미한다는 설명도 같은 맥락이다. 이와 같은 입장에서는 경찰의 임무는 '언제', '어떻게' 활동하느냐에 의해서가 아니라 '무엇을' 행하느냐에 의해서 헌법보호국 등의 임무와 구별될 뿐이라고 한다.[27] 그러나 다른 한편에서는 현재의 임무규범에 의한 앞쪽 단계에서의 경찰 활동 역시 법도그마틱상 여전히 위험방지에 속하는 것으로 설명하기도 한다.[28]

---

riftenreiche der Polizeiführungsakademie(1991. 4), S. 13 ff., 24 ff.; Neumann, Vorsorge und Verhältnismäßigkeit, 1944, S. 36 ff.

25) Knemeyer, Polzei− und Ordnungsrecht, Rn. 15.

26) 1949월 4월 14일의 연합국점령군정부의 '경찰의정서'(Polizei−Brief)는 연방정부에 대해서 연방정부에 대한 정부전복을 기도하는 활동에 대한 정보의 수집과 처리를 위한 기관의 설치를 허용하였다. 그러나 이 기관은 경찰권한을 가져서는 안 된다. 연방의 입법자들은 이러한 분리의 원칙을 1950년 9월 27일의 헌법보호법에서 조직, 기능 등과 관련하여 받아들이고 있다. 이와 같은 분리원칙에 의하면 위험방지와 형사소추를 하는 경찰이 이른바 정보국적 수단들(Nachrichtendienstliche Mittel)을 이용하는 것이 금지된다. Gusy, Das verfassungsrechtliche Gebot der Trennung von Polizei und Nachrichtendiensten, ZRP 1987, S. 46; Alberts/Merten, Gesetz über die Datenverarbeitung der Polizei, 1995, S. 46, Rn. 11 참조; 독일에서의 분리원칙에 관해 검토하는 국내 문헌으로는 박병욱, 독일 나찌시대 제국안전중앙청(Reichssicherheitshauptamt)의 긴 그림자, 경찰법연구 제11권 제2호(2013. 12), 254면 이하 참조.

27) Gusy, Das gesetzliche Trennungsgebot zwischen Polizei und Verfassungsschutz, Die Verwaltung 1991, S. 474 f.; Riegel, Datenschutz bei den Sicherheitsbehörden, 2. Aufl., S. 111 f. 참조.

28) Götz, Allgemeines Polizei− und Ordnungsrecht, Rn. 88; Würz, Polizeiaufgaben und Datenschutz in Baden−Württemberg, 1993, Rn. 42.

2) 정보활동과 법적 규율

공공의 안녕 또는 질서에 대한 교란자(Störer)들의 행위양태와 범죄의 새로운 실현양상은 국가의 작용이 위험방지에 보다 적합하게 될 것을 요구한다. 발달된 기술과 장비를 이용하는 등 그 실행이 고도화된 범죄의 퇴치에 있어 이와 같은 요구가 더욱 분명해진다.[29] 특히 조직범죄, 테러의 경우 기존 법률에 규정되었던 전통적인 대처수단과 방식들은 이들 범죄의 예방 및 퇴치에 있어 그 효용이 약화되고 있다. 이에 따라 경찰의 대범죄 작전의 관념도 변화하게 되어 예컨대 장기감시, 첨단장비를 이용한 정보의 수집, 신분을 위장한 경찰의 범죄단체에의 투입, 비(非)경찰정보원의 이용, 컴퓨터와 첨단 기기를 활용한 보다 적극적인 정보의 저장·평가·이용 등의 필요성이 증대하게 되었다.[30]

이러한 상황하에서 구체적 위험보다 좀 더 앞쪽 단계에서의 활동을 경찰의 임무로 인정한 것은 경찰이 구체적 위험의 방지가 아닌 '구체적 위험의 발생'(Entstehen der konkreten Gefahr)을 방지하는 활동을 가능케 한 것이다. 특히 범죄와 관련하여 구체화될 수 있는 범죄혐의 이전 단계에서의 활동은 장래에 있을 범죄가 사전에 예방되어야 하고, 범죄의 실행 전에 효과적인 범죄수사를 위한 대비가 행해져야 함을 의미한다.[31] 이는 위험방지로 표현되는 예방임무와 형사소추로 대표되는 진압임무로 구분되던[32]

---

29) Würz, Polizeiaufgaben und Datenschutz in Baden-Württemberg, Rn. 47.
30) Denninger, Polizeiaufgaben, Rn. 10; Neumann, Vorsorge und Verhält-nismäßigkeit, S. 47.
31) Kniesel, Neuzuschnitt der Polizeigesetze zum Nachteil der Strafverfolgung, in: Bull(Hrsg.), Sicherheit durch Gesetze?, 1987, S. 105 ff.; Merten/Merten, Vorbeugende Verbrechensbekämpfung, ZRP 1991, S. 213 참조.
32) 그 외에 집행경찰은 직무원조(Amtshilfe), 집행원조(Vollzugshilfe)를 행한다. 바이에른, 튀링겐주와 같이 질서행정청의 지시에 의한 경찰작용(Polizeiliches Handeln auf Weisung der Ordnungsbehörden)이 규정되기도 한다(Art. 9 II BayPOG, 10 II ThürPOG). 이들 임무에 대하여는 Knemeyer, Polizei- und

독일경찰의 임무범위가 국가의 보호의무(Schutzpflicht) 혹은 보호의 위임 (Schutzauftrag)이라는 관점에서 적정하게 조정된 결과라 할 수 있다.

구체적 위험 앞쪽 단계에서의 경찰작용이 요구되는 것과는 별도로 다른 한편 권리침해 개념의 변화가 또한 임무규범 개정의 원인이 되고 있다. 기본권에 대한 침해는 오늘날 모든 기본권의 보호범위 내에 있는 개인의 활동을 불가능하게 하거나 본질적으로 어렵게 하는 일체의 것을 의미하는 것으로 이해된다.[33] 그것이 공권력의 작용에 의해서 의도되었던 것이든 아니든, 직접적이든 간접적이든, 법적인 것이든 사실적인 것이든 혹은 명령과 강제를 수반한 것이든 아니든 관계없다.[34] 침해개념의 변화는 개인정보의 보호와 밀접한 관련을 맺고 있으며, 이러한 변화가 직접적으로 주경찰법에 영향을 미치게 된 계기는 바로 개인정보보호에 관한 1983년 연방헌법재판소의 인구조사법판결(Volkszählungsgesetzurteil)이다.[35] 개인정보보호는 이미 이전의 연방헌법재판소의 판결들에[36] 의해서 그 헌법적 의의가 언급되고 있었고, 정보자기결정권(Recht auf informationelle Selbstbestimmung)의 개념 역시 이미 학설에서 다루어지고 있었지만,[37] 인구조사법판결에서 마침내 일반적 인격권의 구체화로서의 정보자기결정권

Ordnungsrecht, Rn. 105 f. 참조.

33) Kunig, Der Grundsatz informationeller Selbstbestimmung, Jura 1993, S. 600.

34) BVerfGE 53, 30 (48 ff.); 56, 54 (76 ff.); Bleckmann/Eckhoff, Der mittelbare Grundrechtseingriff, DVBl 1988, S. 377 ff.; Lübbe – Wolff, Die Grundrechte als Eingriffsabwehrrechte, S. 32 ff.; Neumann, Vorsorge und Verhältnismäßigkeit, S. 122.

35) BVerfGE 65, 1; 이 판결의 개괄적인 내용에 대해서는 김성태, 운전면허수시적 성검사와 개인정보보호, 행정법연구 제9호(2003. 5), 333면 이하 참조.

36) BVerfGE 27, 1(7); 27, 344(350); 32, 373(379); 33, 367(376); 34, 238(246); 35, 202(220); 44, 353(371); 47, 46(73); 54, 148(153).

37) Denninger, Das Recht auf informationelle Selbstbestimmung, in: Hohmann(Hrsg.), Freiheitssicherung durch Datenschutz, 1987, S. 131; Heußner, Datenverarbeitung und Grundrechtsschutz, in: Hohmann(Hrsg.), Freiheitssicherung durch Datenschutz, 1987, S. 116 참조.

이 인정되며 그 헌법적 위상이 확인된다. 동판결에 의해 이제 국가에 의한 모든 개인정보의 수집 등 처리는 개인의 정보자기결정권에 대한 침해가 된다.[38] 이러한 침해는 그 '범위에 특유한'(bereichsspezifisch) 법률의 수권에 근거하여야만 한다.

인구조사법판결이 직접 경찰의 정보활동을 언급하지는 않았지만, 연방헌법재판소법(BVerfGG) 제31조 제1항에 의하여 연방헌법재판소 결정의 주문과 이유는 연방과 주의 헌법기관 및 모든 법원 그리고 행정청을 구속하며 이러한 구속력은 당연히 경찰에게도 미친다.[39] 임무규범이 권리침해적 경찰조치를 수권하는 규범은 아니기 때문에 권리침해의 개념이 변한다고 해서 주경찰법상 임무규범이 반드시 변경되어야 하는 것은 아니다. 그러나 개인정보의 수집 등 처리에 대한 별도의 수권규정으로서의 권한규범을 경찰법에 명시적으로 규정하려면 그에 상응하여 경찰임무를 보다 명확히 할 필요가 있다. 이처럼 정보자기결정권의 기본권성 인정과 침해개념의 변화가 결과적으로 주경찰법 임무규범의 개정을 초래한 것이다.

주경찰법에서의 임무규범이 경찰의 정보활동을 명시하고 있지는 않다. 그러나 보충초안에서 제안되고 여러 주경찰법들에서 규정하고 있는 예방적 범죄퇴치, 범죄예방, 형사소추사전대비, 그리고 위험방지준비의 개념은 주로 구체적 위험 앞쪽 단계에서, 구제적 위험의 방지가 아닌 위험 '발생'의 방지 혹은 위험 '예방' 및 '사전대비'를 목적으로 행하는 경찰작용과 관련된 것이며, 이와 같은 작용의 핵심에는 정보활동이 놓여 있다.[40] 다만 주경찰법 임무규범에 있어 이미 모범초안 체계에서부터 확립·관철되었던 임무와 권한의 분리원칙은 여전히 유지되고 있다. 즉, 필요한 경찰 작용영

---

38) BVerfGE 65, 1(43).
39) Bäumler, Informationsverarbeitung im Polizei— und Strafverfahrensrecht, Rn. 22, 23.
40) Rachor, Das Polizeihandeln, in: Lisken/Denninger, Handbuch des Polizeirechts, 4. Aufl., Rn. 164 f.; Allgemeine Begründung des VEMEPolG, Stand: 12. 3. 1986, 3. 1. 참조.

역을 설정하기 위한 임무규범의 보충이 이루어진 경우에도 침해적 작용으로서의 개인정보의 수집 등 처리가 이들 임무규범만으로 정당화되지는 않는다. 이에 주경찰법들은 임무규범과는 별도로 개인정보의 수집 등 처리에 관한 권한규범을 매우 상세하게 규정하고 있다.[41]

2 프랑스[42]

1) 경찰작용에 관한 일반법과 임무규범

프랑스의 경우 경찰관의 임무와 권한에 대하여 정하고 있는 우리 경찰관 직무집행법과 같은 법률은 존재하지 않는다. 범죄수사와 관련한 사법경찰작용에 대해서는 형사소송법전이 규정하고 있지만, 범죄예방 및 위험방지와 관련한 행정경찰작용(예방임무)에[43] 관한 일반법은 존재하지 않고 개개 법률들(법전)에 분산·규정되어 있다. 예컨대 (사법경찰 및 행정경찰상의) 불심검문의 경우 형사소송법전(제78-2조)에, 만취자에 대한 보호조치에 대하여는 공중보건법전(제3341-1조 및 제3341-2조)에서 규율하고 있다. 우리 경찰관 직무집행법에서의 위험 발생의 방지, 범죄의 예방과 제

---

41) 그에 대해서는 후술하는 제7장 3. 3) 참조.
42) 프랑스법제에 대해서는 김택수 교수님(계명대)의 자문과 도움이 있었음.
43) 프랑스의 경우 행정경찰은 공공질서(공공의 안전, 평온, 위생 등)의 유지를 목적으로 하는 공역무활동을 의미한다. 사법경찰은 범죄로부터 국민을 보호하기 위하여 행해는 범죄 수사 등의 활동을 말한다. 프랑스에 있어서의 행정경찰 개념에 대해서는 이승민, 프랑스법상 '경찰행정에 관한 연구', 서울대 박사학위논문, 2010; 강지은, 공생발전을 위한 경찰의 임무, 법학논고 제42집(2013. 5), 79면 이하; 이순우, 프랑스의 행정경찰, 법학연구 제18권 제4호(2008. 12), 336면 참조; 우리 경찰법제에서의 행정경찰과 사법경찰의 구별에 관한 일반적인 설명은 김재광, 경찰관직무집행법의 개선방안 연구, 한국법제연구원, 2003, 39면 이하 참조.

지, 장구 및 무기의 사용과44) 같은 규정은 법률에서 발견되지 않는다.

경찰청의 설치를 정하고 있는 우리 경찰법이나 경찰공무원의 신분 및 복무 등에 관하여 규정하고 있는 경찰공무원법과 같은 법률 역시 존재하지 않는다. 다만 '국립경찰 복무 일반 규칙'(Arrêté du 6 juin 2006 portant règlement général d'emploi de la police nationale)이45) 경찰기관의 편제와 임무, 경찰관의 복무와 관련된 사항들을 규정하고 있고, 제110-1조 및 제110-2조에서 국립경찰의 임무를 정하고 있다.46) 프랑스는 다양한 분

---

44) 무기사용은 정당방위 상황에서만 허용되며, 판례에서 인정되어 온 것을 비교적 최근에 형법전에 규정하였다.
45) 이 규칙은 내무부령으로서 1996년 7월 22일 제정되었으나, 2006년 6월 6일 현재의 규칙으로 대체되어 지금까지 시행되고 있다.
46) 제110-1조:
공화국의 원칙, 헌법, 국제협약, 법률 및 명령, 특히 국립경찰의 행동강령을 준수하면서, 국립경찰의 공무원은 다음에 열거된 임무를 수행하며 활동한다.
 − 사람, 재산 및 제도(institution)의 보호
 − 행정경찰
 − 불법 이민자들의 유입 방지 및 불법이민에 대한 대처
 − 모든 형태의 범죄에 대한 대처, 형사범죄에 대한 발견 및 확인, 범죄자들에 대한 발견 및 체포
 − 외부의 위협 및 테러리즘에 대응한 정보의 수집 및 국가보호
 − 질서유지
 − 공보
 − 교통경찰
 − 국제협력
 − 상황본부 및 작전(현장)활동의 지원
 − 인력의 관리, 선발 및 교육
 − 부서, 인력 및 경찰임무에 대한 통제, 감사 및 연구
국립경찰에 부여된 임무들은 전체 구성원들을 참가시킨다. 어떠한 임무도 일개 국의 전유물이 아니며, 모든 국들은 주된 자격 또는 부수적 자격으로 이러한 전체 임무에 주도적 또는 보조적으로 관련된다.
제110-2조:
사법경찰의 임무수행은 형사소송법전의 규정에 부합하여 실행된다. 부서의 책임자 및 팀들은 부서 또는 팀 내에서 실행되는 사법경찰의 작전 집행에 협조하며 형사소송법전 D.2조 제4항의 규정에 부합하여 조서들이 사법기관에 송부되

야들에 대하여 분산된 법령들을 단권화하는 법전화작업을 진행하고 있으며, 경찰 분야에 대하여는 '내부안전에 관한 법전'(Code de la sécurité intérieure)이 규율하고 있다. 이 법전 규칙편에도[47] 국립경찰의 임무가 규정되어 있다.[48]

우리 경찰관 직무집행법에서와 같은 공공의 안녕과 질서의 유지를 위한 작용은 통상 국립경찰이 아닌, 도지사와 자치단체장(시장)의 권한으로 인정되고 있는바,[49] 지방자치법전(Code général des collectivités territoriales)은 시장이나 도지사의 경찰임무(경찰권)와 관련된 조항들을 두고 있다. 지방자치법전 제2212 - 2조 제1항은 "자치경찰은 공적 질서,[50] 안전, 치안 및 위생(안녕)의 보장을 목적으로 한다."고 규정하고 있다.[51] 여기에서의 자치경찰은 조직상의 경찰이 아닌 작용상의 경찰을 의미한다. 제2215 - 1조 제1

는지를 살핀다.
47) 법률편과 규칙편으로 구분되어 있다.
48) R. 제411 - 2조(2013년 12월 4일 데크레에 의해 신설):
   국립경찰의 활동부서의 공무원들은 다음의 임무 또는 활동에 배치된다.
   1. 사람 및 재산의 보호
   2. 범죄의 예방
   3. 행정경찰
   4. 형사범죄의 발견 및 확인, 범죄자들의 발견 및 체포
   5. 정보의 수집
   6. 질서유지
   7. 국제협력
   8. 상황본부 및 작전(현장)활동의 지원
   9. 인력교육
   이러한 임무 또는 활동은 공화국의 원칙 및 본 법전 제4권 제3장 제3절에 규정된 국립경찰 및 군경찰의 행동강령의 준수하에 집행되어야 한다.
49) 이에 대해서는 강지은, 공생발전을 위한 경찰의 임무, 76면 이하 참조.
50) 공적 질서의 개념에 대해서는 전훈, 행정경찰개념과 공공질서의 의미, 한국프랑스학논집 제51집(2005. 8), 439면 이하; 이순우, 프랑스의 행정경찰, 332면 이하 참조.
51) La police municipale a pour objet d'assurer le bon ordre, la sûreté, la sécurité et la salubrité publiques. Elle comprend notamment:

항은 도지사 등의 경찰권과 관련하여 "자치경찰은 시장에 의해 보장된다. 단, 1호 도에서 국가의 대표자는 도의 모든 또는 수개의 자치단체에서 공공의 위생(안녕)과 안전 및 평온의 유지와 관련된 모든 조치를 취할 수 있다."고 규정하고 있다.[52] 이러한 경찰권 행사자로서의 시장이나 도지사의 결정 사항을 집행하는 기관으로서 경찰조직이 의미를 갖게 된다. 지방에서 경찰의 정보활동은 질서유지를 위한 도지사 등의 임무와 관련하여 필요한 정보를 제공하는 형태로 이루어진다.

2) 정보활동과 법적 규율

프랑스에서는 법률로 경찰의 정보활동 임무와 그 범위를 명확하게 규정하고 있지는 않다. 앞서 국립경찰 복무 일반 규칙 제110 - 1조 및 내부안전에 관한 법전 규칙편 R.제411 - 2조와 같이 정보활동에 대한 법적 근거는 대통령 및 국무총리 데크레(décrêt)와 내무부장관 령(arrêté)에 의해 규율되어 왔다. 이처럼 법률이 아닌 법규명령 형태에 의한 정보활동 규율은 행정조직의 구성과 임무에 대해서는 행정부가 독자적으로 법규를 제정할 수 있는 프랑스 법체계의 특수성을 보여주는 것이기도 하다.[53]

경찰이 관여하는 정보활동은 과거 중앙일반정보국(DCRG)의 임무로 수행되었고, 국가차원의 정보기관 개편에 따라 중앙생활안전국(DCSP) 산하의 부국으로 재탄생되었다가, 현재의 중앙국토정보부(le Service central

---

52) La police municipale est assurée par le maire, toutefois : 1° Le représentant de l'Etat dans le département peut prendre, pour toutes les communes du département ou plusieurs d'entre elles, et dans tous les cas où il n'y aurait pas été pourvu par les autorités municipales, toutes mesures relatives au maintien de la salubrité, de la sûreté et de la tranquillité publiques.

53) 프랑스법에 대한 이와 같은 이해는 이창무/김택수/문경환, 정보경찰의 갈등관리 전문화 방안에 관한 연구, 경찰청 정책연구용역 보고서, 2013, 77면 참조.

du renseignement territorial)로 명칭이 변경되어 행해지고 있다.[54] 이와 관련된 규정들을 살펴보면, 내무부의 중앙행정조직에 관한 2013년 8월 12일 데크레(제2013-728호) 제21조[55] 제4항이 다음과 같이 중앙국토정보부의 임무를 규정하고 있다.

"정보임무의 범주 내에서 중앙생활안전국은[56] 파리 및 오드센, 센생드니, 발드마른을 제외한 전체 영토에서의 제도적, 경제적, 사회적 분야 및 특히 폭력현상과 같이 공공질서와 관련될 수 있는 모든 분야에서 정부 및 지방행정구역에서 정부를 대표하는 자에게 보고될 정보들의 발견, 집중 및 분석의 임무를 수행한다. 테러리즘 대처의 임무를 맡고 있는 부서들과 함께 이들의 권능에 지장을 줌이 없이 중앙생활안전국은 테러리즘의 예방 임무에 기여한다. 이 임무들은 전체 국토상의 도 및 자치단체에서 국립군경찰과 공조하에 수행된다. 중앙생활안전국은 이 목적으로 내부안전의 공권력에 부여된 정보임무의 수행에 협력한다."

또한 중앙생활안전국의 지역조직에 관한 2008년 6월 27일 데크레를 수정하는 2014년 5월 9일의 데크레(제2014-466호) 제4조는 다음과 같이 규정하고 있다.

"내무부의 중앙행정조직에 관한 2013년 8월 12일 데크레(제2013-728호) 제21조에 규정된 조건하에서 국가 및 정부의 대표에 대한 정보제공을 위하여 지역국토정보부서를 각 도의 생활안전국에 설치한다.

레지옹(광역)의 각 소재지에서 이 부서는 또한 레지옹에 속한 도국토정보부서들이 제공하는 정보들을 집중하고 종합하는 임무를 수행한다."(이하 생략)

---

54) 프랑스 경찰의 정보활동에 관한 현행 법령 체제 이전의 변화 과정 및 내용에 대한 상세한 고찰은 이창무/김택수/문경환, 정보경찰의 갈등관리 전문화 방안에 관한 연구, 50면 이하 참조.
55) Décret n° 2015-923 du 27 juillet 2015에 의해 수정됨.
56) 현재까지 이 규정에서는 중앙생활안전국의 표기가 유지되고 있다.

한편, 2000년대에 들어서면서 조직범죄에 대처하기 위한 특수수사기법들이 본격적으로 형사소송법전에 규정되기 시작하였다. 형사소송법전 제706-80조부터 제706-106조는 잠입수사, 사진촬영, 대화감청, 전산정보의 획득 등을 규정하고 있다.[57] 이러한 특수수사기법들은 모두 법률로 규정된 것으로서 법규명령에 의한 것은 아니다.

3 영국[58]

1) 경찰작용에 관한 일반법과 임무규범

영국의 경찰 관련 법률로는 Police Act 1997, Police and Crime Act 2009, Police and Criminal Evidence Act 1984, Police and Justice Act 2006 등이 있다. 이 가운데 우리 경찰관 직무집행법에 대비되는, 경찰작용에 대한 일반법적 지위를 갖는 법률로는 대략 '경찰 및 형사증거법'(Police and Criminal Evidence Act 1984: PACE)을 들 수 있다. 동법은 범죄에 대응하고 경찰권 행사를 위한 실무규정을 제시하기 위하여 제정된 것으로서 서문(Introductory Text)에서 동법이 경찰의 권한과 의무(the powers and duties of the police) 등에 관한 것임을 밝히고 있다. 동법은 정지 및 수색, 가옥진입, 수색 및 압수, 체포, 구금 및 피의자 심문 등 경찰의 권한 등을 전반적으로 규정하고 있다.[59] 제2부 가옥진입, 수색 및 압

---

57) 이 규정들은 2004년 3월 9일의 '사법의 범죄발달의 적응에 관한 법률'(Loi n° 2004-204 du 9 mars 2004 portant adaptation de la justice aux évolutions de la criminalité)을 필두로 여러 법률들에 의해 개정되고 신설된 것이다. 프랑스의 법전 개정은 특별법을 통하여 법전의 해당조문을 신설하거나 개정하는 규정을 마련하는 방식이며 따라서 특별법들은 형사소송법전에 모두 통합되어 있다고 할 수 있다.

58) 영국법제에 대해서는 안동인 교수님(영남대)의 자문과 도움이 있었음.

59) PACE는 경찰의 권한과 임무, 경찰유치상태에 있는 사람, 형사증거, 경찰관 징

수에 관한 권한 이하의 내용은 주로 형사절차와 관련되지만, 특별히 예방경찰과 진압경찰(사법경찰)의 구별이 강하지 않은 영국의 법제를 고려하면 동법을 경찰작용에 관한 일반법이라 평가할 수 있다고 본다.

동법은 그러나 우리나 독일에서와 같은 경찰 임무에 관한 규정을 따로 두고 있지는 않다. 서문이 있기는 하지만 법률의 적용범위 혹은 구체적 목적을 명시할 뿐이고, 곧바로 경찰작용과 관련한 각 규율 사항에 대해 상세히 규정하는 모습을 보인다. 이는 영국 경찰관련 법률들의 특징적 모습이라고도 할 수 있다. 이와 같은 규정 형태로 인하여 동법으로부터 일반적인 경찰상 보호법익도 명확하게 드러나지 않는다. 다만 다수의 공법 기본서에서는 경찰작용의 목적을 '공공질서의 유지'(maintenance of public order)와 '범죄의 탐지(및 기소)'(detection(and prosecution) of crime)로 정리하고 있는바,[60] 동법 규정들 역시 이와 같은 목적에 따른 임무를 수행하기 위한 구체적 제도로 파악할 수 있다. 그러나 동법이 경찰 목적 실현을 위한 정보활동 전반에 관하여 특별히 규율하고 있지는 않다.

계와 경찰에 대한 불편신고에 관한 규정을 담고 있으며, 치안에 대한 지역공동체의 의견을 수렴하기 위한 인력배치와 부서장급에 대하여 규율하고 있다. PACE는 총 11부로 구성되어 있다. 제1부(제1조~제7조)는 '정지 및 수색에 관한 권한', 제2부(제8조~제23조)는 '가옥진입, 수색 및 압수에 관한 권한', 제3부(제24조~제33조)는 '체포', 제4부(제34조~제52조)는 '구금', 제5부(제53조~제65조)는 '피의자 심문 및 처우'에 대해 규정하고 있으며, 제6부는 위의 각 내용들에 대한 실무규정(Codes of Practice), 제7부는 '형사절차에서의 서류증거', 제8부는 '형사절차상 증거-일반론' 및 보칙, 제9부는 '경찰의 민원(이의제기)과 징계', 제10부는 '경찰-일반규정', 그리고 제11부는 '잡칙 및 보칙'에 대해서 규정하고 있다. PACE에 관한 상세한 설명은 안동인, 영국법상 경찰권행사의 근거와 한계, 공법학연구 제17권 제4호(2016. 11), 327면 이하; 김현숙, 영국 PACE법 연구, 치안정책연구소, 2012 참조.

60) 예컨대, Bradley/Ewing, Constitutional and Administrative Law(15th ed.), 2011, p. 475; Barnett, Constitutional & Administrative Law(10th ed.), 2013, p. 523.

2) 정보활동과 법적 규율

영국 경찰의 작용은 개별 사건에 대응하는 형태가 아닌 '감지된 위험' (perceived risks) 및 시민들의 불안감에 적극적으로 대응하는 형태로 변모하고 있다고 한다. 이에 따라 경찰활동이 기존의 전통적인 단속 중심 활동에서 정보중심의 적극적 접근으로 변화한 것으로 평가되고 있다.[61] 현재 지방경찰 체제를 근간으로 하는 경찰기관들이[62] 국가범죄수사청(National Crime Agency) 그리고 다른 정보활동 기관과 함께 정보활동을 행하는 국가정보모델(National Intelligence Model: NIM)이 운용되고 있다.[63] 경찰은 다른 기관들과의 관계에서 정보를 요구받기도 하고 타 기관들의 위험관리를 지원하기 위해 핵심적인 정보를 제공한다. 국내정보의 경우 경찰이 매우 중요한 역할을 수행하고 있으며 최고 정책결정권자의 의사결정에 필요한 정보도 적극적으로 제공하는 것으로 알려지고 있다.[64]

영국의 법제를 보면 비록 별도의 임무규범이 없다 하더라도 정보활동이 경찰임무에 포함되며, 중요한 경찰작용으로서 행해짐을 확인할 수 있다. 법률단계에서 영국 경찰의 정보활동을 보다 분명히 파악할 수 있는 것으로는 우선 수사권한규제법(Regulation of Investigatory Powers Act 2000)을 들 수 있다. 동법은 제1부 '정보통신'(Communications), 제2부 '감시 및 비밀 휴먼 인텔리전스 소스'(Surveillance and covert human intelligence sources), 제3부 '암호화 등으로 보호된 전자 데이터의 조사'(Investigation

---

61) 이주락, 영국의 정보주도형 경찰활동 분석, 영미연구 제42집(2018), 263면 및 265면 참조; 영국경찰의 정보주도형 경찰활동에 대해서는 또한 장광호/김문귀, 영국의 범죄정보 기반 경찰활동에 관한 연구, 한국경호경비학회 제54호(2018), 106면 및 110면 이하 참조,

62) 영국 경찰의 조직과 지방분권에 대한 개관은 안동인, 영국법상 경찰권행사의 근거와 한계, 317면 이하 참조.

63) 영국 경찰의 국가정보모델 및 국가 정보 체계에 대해서는 이주락, 영국의 정보주도형 경찰활동 분석, 267면 이하 참조.

64) 이주락, 영국의 정보주도형 경찰활동 분석, 263면 및 278면.

of electronic data protected by encryption etc.), 제4부 '수사권한 및 정보부의 기능에 대한 조사 등'(Scrutiny etc. of investigatory powers and of the functions of the intelligence services), 제5부 '그 밖의 규정 및 보칙' (Miscellaneous and supplemental)으로 구성되어 있다. 통신감청, 통신 관련 데이터의 수집 및 공개, 감시의 수행, 비밀 휴먼 인텔리전스 소스(covert human intelligence sources)의 사용, 암호화나 암호로 보호되는 전자 데이터의 해독이나 접속을 위한 수단의 취득 등 정보활동이 동법의 주요 내용이 된다. 동법의 정보활동은 국가안보, 범죄 관련, 영국의 경제적 안녕, 공공안전(public safety), 비상시 개인의 생명·신체에 대한 손상 예방 및 완화, 범죄예방, 공중보건(public health)의 보호 등 목적으로 행해질 수 있다.[65]

또한 경찰법 제3부(Police Act 1997 Part Ⅲ) '재산에 대한 조치 권한의 부여'(Authorisation of Action in Respect of Property) 역시 경찰 정보활동의 주요 근거 법률이 된다.[66] 여기에서는 '재산이나 무선전신에 대한 진입 또는 간섭'(Entry on or interference with property or with wireless telegraphy)에 관한 권한을 규정하고 있다.

이들 법률들의 집행과 관련하여 수사권한규제명령(Regulation of Investigatory Powers (Covert Surveillance and Property Interference: Code of Practice) Order 2014)이 제정되어 있다.

---

65) 제22조, 제28조, 제49조 참조.
66) 이에 대한 주석으로는 Halsbury's Laws of England(5th ed.) 84A(Police and Investigatory Powers), 2013, Para 719 이하 참조.

4 미국67)

1) 경찰작용에 관한 일반법과 임무규범

미국에서도 경찰작용 전반에 적용되는 별도의 통일적인 일반적 경찰작용법은 존재하지 않는다. 연방경찰, 주경찰, 지방자치단체의 경찰(local law enforcement agencies) 등 수많은 경찰기관들이 하나의 중앙기구에 의하여 통제되는 것이 아니라 서로 분리되어 독립적으로 각기 다른 법적 근거에 따라 활동한다. 따라서 미국의 경찰작용법을 정확하게 파악하기 위해서는 각 경찰기관을 규율하는 법제를 개별적으로 검토하여야 한다.

미국에서 특정 경찰 권한의 인정은 주로 헌법의 문제가 된다. 침해적 경찰조치는 헌법상의 기본권보장에 합치하는 경우에만 정당화되기 때문이다. 각 주의 경찰관들은 자신이 행사할 수 있는 권한의 한계를 연방헌법과 자신이 속한 주의 헌법에서 발견하게 된다.68) 이처럼 미국에 있어서 경찰의 권한은 법률유보가 아닌, 일종의 '헌법유보'(Vorbehalt der Verfassung)의 모습을 띠게 된다. 헌법유보하의 경찰 권한은 법원의 판결을 통해서 구체화된다. 판결에 의한 구체화에 따라 경찰의 권한 행사에 대한 규율들이 정립·발전하게 된다. 현재 존재하는 미국의 경찰 권한 관련 규율들은 이전까지의 법원 판결들로부터 도출된 것이다. 이 점에서 권한에 대한 미국의 경찰법은 '법관법'(judge-made law; Richterrecht)으로서의 성격이 강하다고 할 수 있다.

이러한 맥락에서 미국 연방헌법(the U.S. Constitution) 특히 수정조항69)

---

67) 미국법제에 대해서는 김면기 교수님(경찰대)의 자문과 도움이 있었음.
68) Moore, Constitutional Law for Police Officers, 1998, p. 4.
69) 미국의 연방헌법은 1787년에 최초로 제정된 연방헌법 초안과 그 이후 제정되면서 추가된 수정조항으로 나누어진다. 1789년 추가된 10개의 수정조항(1~10조)이 주로 형사 피고인(피의자)의 기본권과 관련된 내용을 다루고 있다. 현재까지 추가된 수정조항은 총 27개이다. https://www.law.cornell.edu/constitution/index.

1~10조가 일종의 경찰작용에 관한 일반법적 기능을 한다고도 할 수 있다. 통상 권리장전(Bill of Rights)이라 불리는 10개의 수정조항은 형사절차에서 피의자(피고인)에게 보장되어야 할 가장 중요한 권리들을 적시하고 있다. 이 조항들은 형사절차로서의 수사를 포함한 경찰작용에서 공권력 남용(the abuse of police power)을 제한한다는 의미에서 경찰작용 전반과 관련된다.70) 우리나라 경찰관 직무집행법에서 규율하는 내용들이 대부분 이 수정조항들과 관련하여 다루어지며, 경찰작용과 관련된 연방법률, 주 헌법과 법률, 연방 및 주법원의 판결들이 모두 연방헌법 수정조항을 근거로 이루어지고 있다.

미국에서는 우리 경찰관 직무집행법이나 독일 주경찰법에서와 같은 권한규범과 구별되는 별도의 임무규범을 두기보다는 법률 등에서 경찰의 권한과 의무들을 열거하여 규정하고 있다. 이러한 규정들로부터 경찰의 임무가 파악될 수 있다. 예컨대 매사추세츠주일반법에서 경찰의 권한과 의무들을 규정하는 조문을 보면, 사회의 교란과 무질서를 방지하고 억제하는 것이나71) 의심스러운 자를 조사하는 것이 경찰의 임무가 된다.72) 만취자의 안전과 보호유치에 대한 규정,73) 불법주차한 차량의 견인에 대한 규정으로부터도74) 경찰 임무가 확인될 수 있다.75) 이러한 규정들은 우리 법

---

html (2020. 6. 10. 검색).

70) Schmalleger, Criminal justice today, 2014, p. 198.

71) M.G.L. Title VII, Chapter 41, Section 98: "The chief and other police officers of all cities and towns shall have all the powers and duties of constables except serving and executing civil process. They shall suppress and prevent all disturbances and disorder. ..."

72) "They may examine all persons abroad whom they have reason to suspect of unlawful design, and may demand of them their business abroad and whither they are going; may disperse any assembly of three or more persons, and may enter any building to suppress a riot or breach of peace therein."

73) M.G.L. Title XVI, Chapter 111b, Section 8.

74) M.G.L. Title VII, Chapter 40, Section 22d.

에서의 조문 형태와는 많이 다르다. 절차적 측면을 포함한 다양한 내용들로 이루어져 있으며, – 우리에게 익숙한 조문구성과 비교해 보면 – 다소 비체계적인 모습으로 비치기도 한다.

또한 예방적 경찰작용을 진압적 경찰작용과 엄격하게 구별하지 않는바, 경찰조치의 정당화에 있어 형법에서의 '평온의 교란'(disturbing of the peace)과 같은 개념들이 원용되기도 하여 평온교란의 방지를 위한 광범위한 활동이 경찰임무로 설정될 수도 있다.

경찰의 활동은 이와 같이 파악되는 임무범위 내에서 헌법적 한계를 준수하며 이루어지게 된다. 임무와 권한을 엄격하게 구별하고 있지 않는 미국 경찰법제에서 경찰의 구체적인 임무는 결과적으로 헌법적 판단에 기초하여 경찰작용의 적법성을 검토하는 법원 판결에 의해 정해지게 된다.[76]

2) 정보활동과 법적 규율

미국에서 경찰의 임무가 통일적으로 법전화되어 있는 것은 아니지만, 보편적인 경찰 임무를 어느 정도 파악하는 것은 가능하다. 미국의 표준적인 문헌들이 제시하고 있는 경찰의 개념[77] 및 역할을[78] 중

---

75) 이와 같은 입법은 예컨대 아이다호주법에서도 발견할 수 있다. 아이다호주법 (Title 67, Chapter 29)은 "아이다호주 경찰은 이 법률에 의해 창설되고, 헌법에 따라 주 정부의 행정부의 일원이 된다."고 규정하고 그에 이어 임무와 관련하여, "아이다호주 경찰은 주의 모든 형사법과 규제법을 집행하고, 범죄를 예방하고 범인을 검거하고 질서를 유지"하는 역할을 한다고 명시하고 있다. 그 외 영장집행, 교통단속 등도 열거하고 있다. https://legislature.idaho.gov/statutesrules/idstat/title67/t67ch29/sect67 – 2901/ (2020. 6. 10. 검색).

76) 김성태, 미국의 경찰작용법, 홍익법학 제13권 제1호(2012. 2), 579면; Gehring, Innere Sicherheit-USA, 1999, S. 81 참조.

77) "Police power is the exercise of the sovereign right of a government to protect lives, promote public safety, health, morals, and the general welfare of society." C.J.S. 16A Constitutional Law, § 609; Black, Black's

심으로 대개 i) 공공의 질서와 평온의 유지, ii) 공공의 건강, 안녕, 도덕의 증진, iii) 범죄와 질서위반에 대한 진압, iv) 범죄 및 질서위반의 수사 및 조사, v) 범죄에 대한 유죄판결에서의 조력, vi) 기타 법률에 의하여 부여된 임무의 수행 등의 작용을 경찰 임무로 파악할 수 있다. 그러나 정보활동이 특별히 경찰임무로서 언급되지는 않으며, 우리처럼 법률단계에서 이를 명시하지는 않는 것으로 보인다. 다만 우리와 같은 법률유보관념이나 외부효를 갖는 법규(Rechtsnorm) 관념이 뚜렷하지 않은 미국에서는 각 경찰기관 단위의 규정(rules and regulations)에서 경찰의 정보활동을 규율하기도 한다.[79]

경찰 정보활동에 대해서는 앞서 설명한 헌법상의 권리장전이 일반적 규범으로 작동할 수 있다. 경찰의 정보활동은 통상적인 미국의 경찰작용처럼 대부분 범죄수사 또는 범죄예방(주로 테러 등)과 관련된 것으로서, 정보활동이 경찰권(police power)의 범위 내인가, 그리고 그러한 정보활동이 적절한 권한행사인가는 궁극적으로 모두 권리장전의 해석문제로 귀결되기 때문이다. 범죄수사와 관련된 정보수집에서는 주로 수정헌법 제4조의 체포·압수·수색 조항에 대한 위반 여부가 문제된다.[80] 범죄예방과 관련된 정보활동에서는 주로 수정헌법 제1조 표현의 자유의 침해 여부가 검토된다. 경찰의 정보활동이 범죄수사와 관련된 것이라면 경찰권

Law Dictionary, 389면 참조.
78) Gaines/Kappeler, Policing in America(5th ed.), 2010, 12면 이하 참조.
79) 예컨대 Boston경찰이나 LA경찰에서 테러 등 범죄, 지역사회나 국가에 위협이 되는 행위에 관한 정보활동을 규정하고 있다. LA경찰에서의 예에 대한 설명은 이창무/김택수/문경환, 정보경찰의 갈등관리 전문화 방안에 관한 연구, 95면 이하 참조.
80) 이와 관련하여 i) 정보원의 진술이 신뢰할만한가, ii) 해당 정보원의 진술을 근거로 강제수사에 돌입할 수 있는가, iii) 가능하다면, 어떠한 기준으로 판단할 것인가에 대한 것들이 집중적으로 논해지고 있다. 1960~70년대 연방대법원은 엄격한 기준에서 강제수사가능 여부를 판단했지만, 1980년대를 지나면서 보다 완화된 기준을 적용하고 있는 추세이다. Schmalleger, Criminal justice today, p. 221.

의 범위 내이지만, 그것이 다른 목적을 갖고 행해진다면 헌법상 표현의 자유를 침해(훼손)한 것으로 인정되기 때문이다.

　1985년 뉴욕시 경찰이 행한 정보활동의 적법성이 문제된 사례에서, 연방법원은 "뉴욕시 경찰의 집회시위 단체들에 대한 정보활동은 오직 특정 단체 또는 사람이 이미 행해졌거나 범해지려고 하는 범죄행위와 연결되어 있다는 '구체적인 정보'(specific information)가 있지 않는 한 그에 대한 정보활동은 불가능하다."고 판시한 바 있다.[81] 이 사례에서 연방법원은 경찰의 정보활동과 관련하여 양 당사자 간 '화해가 이서된 법원 명령'(consent decree)을 도출하였다.[82] 이는 형사절차를 포함한 규제 분야 소송에서 양 당사자가 합의안을 도출하면 법원이 이를 승인하고 실행을 감독하기로 약속하는 방식의 분쟁해결 방안이다.[83] 당해 소송에서 이러한 방식을 통해 경찰의 정보활동과 관련된 합의안(가이드라인)이 만들어졌고, 이후 경찰 정보활동의 한계를 규정짓는 중요한 법적 근거로 활용되고 있다.[84] 일부 내용과 관련된 소송들이 추가로 진행되면서, 합의안의 내용이 지속적으로 수정 · 변경되고 있다.[85]

---

81) US District Court for the Southern District of New York － 605 F. Supp. 1384 (S.D.N.Y. 1985).
82) https://www.nyclu.org/en/cases/handschu－v－special－services－division －challenging－nypd－surveillance－practices－targeting (2020. 6. 12. 검색).
83) Kenneth, Consent Decree, in: Leonard/Kenneth/Adam(eds.). Encyclopedia of the American Constitution. 2(2nd ed.), 2000, p. 507.
84) https://www.nyclu.org/en/cases/handschu－v－special－services－division －challenging－nypd－surveillance－practices－targeting (2020. 6. 12. 검색).
85) https://www.aclu.org/sites/default/files/field_document/raza_exhibit_a_to_ order_approving_stipulation_of_settlement_revised_handschu_guidelines.p df (2020. 6. 12. 검색).

제4장

정보활동 임무와
보호법익

정보활동 임무와 보호법익

1 정보활동 임무규범의 특징과 불확정개념 등

정보활동에 관한 임무규범이 정보활동의 구체적인 양태(樣態)나 내용들을 규율하기는 쉽지 않다. 기본적으로 경찰작용은 수많은 경찰상 보호법익에 대한 지극히 다양한 형태의 위해에 대처하기 위하여 행해지며, 특히 예방적 작용으로서의 정보활동은 많은 경우 구체화된 명확한 사실을 대상으로 하지 않기 때문이다. 따라서 정보활동 임무규범은 매우 추상적인 모습을 띠게 된다.

그럼에도 불구하고 정보활동 임무규범은 복잡·다양하고 미처 예상하지 못한 상황까지 포괄할 수 있는 것이어야 한다. 또한 기존 다른 임무들의 지정 형태와도 균형을 이루어야 한다. 경찰관 직무집행법 제2조를 보면 정보활동 임무 역시 간결하게 규정되어야 자연스럽게 조화를 이룰 수 있다. 결과적으로 정보활동 임무규범은 추상적이고 포괄적이며 간결한 모습을 갖는다.

이와 같은 규범적 특징을 갖는 정보활동 임무규범의 해석이나 입법에 있어서는 공공의 안녕, 공공의 질서, 위험, 예방, 대비, 방지와 같은 개념들의 활용이 요구된다. 앞서 검토한 바와 같이 치안정보의 수집·작성 및 배포는 주로 공공의 안녕과 질서에 대한 위험의 방지를 위한 정보활동으로서 그 의의가 인정되는 것이며, 이러한 임무규범이 준수되고 과도한 정보활동이 행해지지 않도록 하기 위해서는 공공의 안녕, 공공의 질서, 위험 등 관념의 정교한 해석이 필요하다. 정보활동 임무규범을 새로이 마련하는 경우에도 올바르게 정립된 이들 개념의 의미와 내용을 바탕으로 입법자는 의도하는 최적의 정보활동 범위를 정확하게 정할 수 있고, 이에 따라 경찰 역시 분명한 테두리 내에서 정보활동을 하게 된다.

다행히 이들 개념은 오랫동안 학술적으로 매우 깊이 있게 연구되어 상당한 정도의 규명이 이루어지고 있다. 이 장에서는 정보활동 임무에서 고려되어야 하는 경찰상 보호법익으로서의 공공의 안녕과 공공의 질서를, 다음 장에서는 정보활동이 필요한 상황과 관련되는 위험, 추상적 위험·구체적 위험, 위험의심에 대하여 살펴본다.

2 공공의 안녕

1) 의의

국내 문헌들에서 경찰법상 공공의 안녕은 거의 비슷한 내용으로 이해되고 있다. 대략 법질서, 국가 그 밖의 고권주체의 존속과 기능, 그리고 개인적 권리 및 법익의 무사온전성을 뜻하는 것으로 설명된다.[1] 이는 독일

---

1) 예컨대 홍정선, 행정법원론(하), 2012, 366면; 서정범, 경찰법에 있어서의 공공의 안녕의 개념, 공법학연구 제9권 제2호(2008), 332면; 정하중, 행정법각론, 2005, 224면 참조.

경찰법에서 공공의 안녕(öffentliche Sicherheit)을 객관적 법질서, 개인의 주관적 권리 및 법익, 국가 및 다른 고권주체의 기관과 활동(Veranstaltung)의 불가침성(Unverletzlichkeit)으로 설명하는 것과[2] 궤를 같이하는 것이다. 브레멘주 경찰법(§ 2 Nr. 2 BremPolG)과 작센-안할트주 경찰법(§ 3 Nr. 1 SOG LSA)의 경우 공공의 안녕을 '법질서, 개인의 주관적 권리 및 법익, 국가 그 밖의 고권주체의 기관과 활동의 불가침성'으로 정의하고 있다.

이와 같이 이해되는 이른바 '복합적 보호법익'(komplexes Schutzgut)으로서의 공공의 안녕 관념에 따라 국가 등 고권주체의 존속과 기능, 객관적 법질서, 개인적 권리 및 법익이 경찰상 보호법익에 포함된다. 이들 보호법익은 경우에 따라서는 중첩될 수도 있다. 아래에서 좀 더 구체적으로 살핀다.

2) 국가 그 밖의 고권주체의 존속 및 기능의 무사온전성

국가 그 밖의 고권주체의 존속 및 기능의 무사온전성은 국가의 주권이나 영토의 불가침, 헌법질서의 보장, 지방자치단체 등 행정주체와 국회, 정부, 법원 그리고 이들에 속하는 모든 기관의 정상적인 기능과 활동이 이루어질 수 있는 상태를 말한다. 헌법질서에는 자유민주적 기본질서, 권력분립, 법치행정, 재판의 독립과 같은 헌법상의 중요한 원칙이 포함된다. 국가 등 고권주체의 기관에는 일반적인 행정관서뿐만 아니라 예컨대 국공립의 대학·도서관·박물관 같은 것도 해당된다. 군사훈련과 열병식, 외국 정치인의 공식방문과 같은 행사도 행정주체의 정상적인 기능과 활동의 일부를 구성한다.[3]

국가 등 고권주체의 기관이 정상적으로 기능하고 활동할 수 있다 함은

---

2) Götz, Allgemeines Polizei- und Ordnungsrecht, Rn. 89; Knemeyer, Polizei- und Ordnungsrecht, Rn. 100 참조.
3) 서정범, 경찰법에 있어서의 공공의 안녕의 개념, 343면; Götz, Allgemeines Polizei- und Ordnungsrecht, Rn. 118 참조.

이들 기관의 정상적인 업무와 활동이 외부로부터의 위법한 행위로 위협받거나 방해받지 않는 것을 의미한다. 사람 혹은 물건에 대한 폭력, 점거, 차단, 소음 등 물리적 수단에 의해 이들 기관의 합법적 활동을 방해하는 경우 위협이나 방해에 해당한다. 그러나 이들 기관의 활동에 대한 비판은 일반적으로 위협이나 방해에 해당하지 않는다. 개인이 자신의 기본권을 적법하게 행사하는 것을 정상적 기능발휘에 대한 위협이나 방해라 할 수는 없기 때문이다.[4]

국가 등 고권주체 기관들은 통상 스스로 자신의 기능수행을 방해받지 않기 위하여 행사하는 공법상 가택권(Hausrecht)과 질서유지권(Ordnungsgewalt)을 갖는다. 공법상 가택권은 공공기관이 그에 의한 지배가 이루어지는 공적 공간에 대하여 특정된 공적 목적으로의 사용이 보장될 수 있도록 당해 공간의 출입·이용에 관한 행위들을 정할 수 있는 권한을 의미한다. 공적 공간에 대한 관할권을 갖는 공공기관의 장이 공법상 가택권자가 된다. 질서유지권은 공적 공간 가운데 주로 회의에서의 질서유지와 관련된 권한으로 이해되며, 회의의 의장이 이러한 권능을 행사하게 된다. 공법상 가택권과 질서유지권은 엄격하게 구별되지 않고 혼용되기도 한다.[5] 공공의 안녕을 위한 경찰의 임무 수행은 이들 공법상 가택권과 질서유지권의 행사가 정상적으로 이루어지지 않을 때 국가 등 고권주체 기관의 정상적 기능수행 상태의 유지라는 관점에서 이들 권한을 보호하는 형태로 이루어지게 된다. 이와 같은 경우 별도의 법규정이 없다 하더라도 경찰에 의한 공법상 가택권 및 질서유지권의 보호가 행해질 수 있다.[6]

---

4) 서정범, 경찰법에 있어서의 공공의 안녕의 개념, 345면; Götz, Allgemeines Polizei- und Ordnungsrecht, Rn. 118 참조.
5) 공법상 가택권 및 질서유지권의 개념에 대한 상세한 설명은 김성태, 공법상 가택권, 홍익법학 제13권 제4호(2012. 12), 555면 이하 참조.
6) 공법상 가택권에 대한 경찰의 보호에 대한 상세한 검토는 김성태, 공법상 가택권, 564면 이하: Götz, Allgemeines Polizei- und Ordnungsrecht, Rn. 118 f.; Schenke, Polizei- und Ordnungsrecht, 5. Aufl., Rn. 37 참조.

3) 법질서의 불가침성

여기에서의 법질서는 객관적 법질서, 즉 성문법 규정을 의미한다. 성문의 법규범을 위반하는 것은 법규범으로 표현된 국가의 의사를 부정하는 것으로서, 법규정을 위반하려 하거나 위반이 시작된 경우 공공의 안녕에 대한 위험을 구성하게 된다. 헌법, 법률, 법규명령, 조례가 이와 같은 성문법 규정에 해당하지만 일반적으로 행정규칙은 이에 포함되지 않는 것으로 이해되고 있다.[7]

공공의 안녕으로서의 법질서의 보장은 주로 공법규범의 보장을 의미한다. 사법관계에 대한 경찰의 개입은 법원에 의한 사법상 권리의 보호가 적시에 행해지기 어렵고 경찰의 개입 없이는 권리의 실현이 불가능하거나 현저히 어려운 경우에 한정되기 때문이다.[8]

공법 가운데 개인에게 특정한 의무를 과하는 법규범, 즉 개인에 대한 명령, 금지를 내용으로 하는 법규범이 특히 중요한 의미를 갖는다. 이들 규범에서 정한 의무를 위반하여 법질서를 깨뜨리려는 경우 항상 공공의 안녕에 대한 위험을 구성하기 때문이다. 대표적인 것으로 형법, 명령·금지를 정한 행정법규를 들 수 있다.[9]

법질서의 무사온전성에 있어 특정 법질서의 경우 – 우리 경찰관 직무집행법에 명문의 규정은 없지만 – 통상 경찰이 아닌 다른 행정기관이 우선적으로 공공의 안녕에 대한 위험방지의 임무를 수행하게 된다.[10] 해당 분야의 전문적 지식을 필요로 하는 은행, 보험, 독과점 등의 감독에서 법

---

7) 서정범, 경찰법에 있어서의 공공의 안녕의 개념, 340면 참조.
8) Denninger, Polizeiaufgaben, Rn. 17.
9) 서정범, 경찰법에 있어서의 공공의 안녕의 개념, 341면 이하; Denninger, Polizeiaufgaben, Rn. 17 참조.
10) 경찰과 질서행정청 간 임무 분장에 대해서는 § 1a VEMEPolG, Art. 3 BayPAG, § 3 ThürPAG 등 규정 및 Knemeyer, Polizei– und Ordnungsrecht, Rn. 67, 79; Denninger, Polizeiaufgaben, Rn. 237 f. 참조.

위반에 대한 질서행정청의 위험방지 작용이 그러한 예가 될 수 있다.

국가적 기능이나 개인의 생명, 건강, 자유에 대한 침해는 대부분 동시에 법 위반에 해당하기 때문에 이들 법익의 보호을 위한 경찰의 작용은 대부분 법질서의 무사온전성이라는 공공의 안녕에 대한 경찰활동에 포함된다. 독일 브레멘주나 작센-안할트주의 공공의 안녕에 대한 입법적 정의에 있어 법질서의 불가침성이 맨 처음에 위치하고 있는 것은 경찰의 위험방지 임무가 결과적으로 주로 (임박한) 공법규범에의 위반에 대응하여 수행된다는 실제에 상응한 것이라 할 수 있다.[11]

4) 개인적 권리 및 법익의 보호

개인적 권리와 법익에는 소유권, 점유권, 일반적 인격권, 성명권 등과 같은 모든 사권 그리고 생명, 신체, 건강, 자유와 같은 보호법익이 포함된다. 기본권의 경우 제3자에 의한 침해로부터 보호되어야 하는 기본권(예컨대 방해받지 않는 종교행사, 집회, 선거 등의 권리)도 여기에서의 권리에 해당된다.[12] 경찰관 직무집행법과 경찰법이 생명, 신체의 보호를 경찰의 임무로 따로 명시하고 있기는 하지만 공공의 안녕에서 보호되는 개인적 법익으로 파악함에 문제는 없다고 본다.

공공의 안녕에 개인적 권리 및 법익의 불가침 상태가 포함된다는 것은 경찰작용이 단지 공중을 위해서만이 아니라 개인의 보호를 위해서도 수행될 수 있음을 뜻한다. 종래 독일에서 공공의 안녕은 공공성을 요소로 하기 때문에 개인적 법익은 공익과 관련되는 경우에 경찰에 의해 보호될 수 있다고 설명되었다. 즉, 개인의 이익에 대한 침해의 방지가 공익에 합당할 때에 경찰의 개입이 가능하다는 것이다.[13] 그러나 이러한 해석에 대해서

---

11) Knemeyer, Polizei- und Ordnungsrecht, Rn. 101.
12) Götz, Allgemeines Polizei- und Ordnungsrecht, Rn. 91 참조.
13) Wolff/Bachof, Verwaltungsrecht III, § 125 Rn. 16.

는 개인의 보호가 이미 공공의 안녕에 포함된다거나, 공공의 안녕에 대한 위협이라는 구성요건으로부터 위험방지의 공익이 인정되며, 개인적 법익의 보호 역시 입법자에 의해 공동체적 법익 보호와 같은 정도의 공익이 인정되고 있다는 점 등을 들어 개인적 권리와 법익의 침해를 방지하기 위한 경찰의 개입에 부가적으로 공익 요건이 필요한 것은 아니라는 비판이 있다.[14]

개인적 권리 및 법익의 보호에 있어 사권의 보호도 포함되지만, 다른 사람에 의한 사권 침해의 위험이 있는 경우 민법 및 민사소송에 의한 구제가 경찰의 위험방지보다 우선한다(보충성원칙: Subsidiaritätsprinzip). 경찰은 사권의 보호에 있어 종국적인 결정을 할 수 있는 것은 아니며, 경찰의 개입 없이는 재산의 보호나 재산권의 실현이 불가능하거나 매우 곤란한 예외적인 경우에, 일시적으로만 당해 임무의 수행이 허용된다. 이와 같은 경찰의 개입이 허용되기 위해서는 재산(사권)에 대한 침해가 사법상 위법으로서 사법상의 청구권과 소송상의 관철이 가능한 것이어야 한다. 경찰관 직무집행법은 국민 재산의 보호를 경찰의 임무로 규정하고 있어(제2조 제1호) 개인의 재산을 반드시 공공의 안녕에 포함하여 그의 보호가 경찰의 임무가 된다고 할 필요는 없지만, 여전히 보충성원리는 적용된다 할 것이다.

만약 개인적 권리의 침해가 동시에 공법(형법, 개별행정법 등)에 의해 보호되어야 하는 경우 보충성원리는 적용되지 않는다.[15] 이때 위험야기자(권리침해자)의 고의와 같은 주관적 구성요건이나 책임은 전혀 고려 사항이 아니다.[16]

---

14) Götz, Allgemeines Polizei − und Ordnungsrecht, Rn. 93; Knemeyer, Polizei − und Ordnungsrecht, Rn. 133; 같은 비판을 하되 '사회적 관련 정도'에 따른 경찰개입의 기준을 제시하는 견해로는 Denninger, Polizeiaufgaben, Rn. 30.
15) Denninger, Polizeiaufgaben, Rn. 29.
16) 사법상의 권리 보호를 위한 경찰개입에 대한 상세한 설명은 서정범, 경찰법에 있어서의 공공의 안녕의 개념, 335면; Götz, Allgemeines Polizei − und

자신이 스스로 선택하여 맹수를 기르거나 조련하는 것, 자신의 신체를 이용한 의학적 실험, 외줄타기묘기, 익스트림 스포츠 등 개인적 법익에 대한 '스스로의 위험 초래'(Selbstgefährdung: 스스로 감수하는 위험)에서는 공공의 안녕을 위한 경찰의 개입은 배제된다.[17] 이는 헌법상의 자기결정권은 개인이 자신을 어떠한 위험에 놓이게 할 것인지 스스로 결정할 권능을 포함하는 것이고,[18] 국가의 위험방지작용은 기본권 주체가 자신의 기본권을 스스로 포기하는 것을 방지하는 것이 아니라, 제3자에 의한 기본권의 위협으로부터 보호받지 못하는 것을 차단하는 데에 본질이 있다는 사고와 관련이 있다.[19] 그러나 이와 같은 위험초래가 이성적이고 자율적인 결정이라고 보기 어렵거나 본인의 경솔함에 의하여 이루어진 경우[20] 혹은 제3자나 공중에게 위험을 가져오는 경우에는[21] 국가적 개입이 허용될 수 없는 '스스로 감수하는 위험'에 해당한다고 볼 것은 아니며, 공공의 안녕을 위한 경찰의 개입이 정당한 것으로 인정될 수 있다.[22] 헌법재판소 역시 자동차 운전자가 좌석안전띠를 매지 않는 행위는 그로 인하여 받을 위험이나 불이익을 운전자 스스로 회피하지 못하고 매우 큰 사회적 부담을 발생시켜 운전자 자신뿐만 아니라 사회공동체 전체의 이익에 해를 끼치고 있으므로 국가의 개입이 정당화된다고 하고 있다.[23]

    Ordnungsrecht, Rn. 94 이하 참조.
17) Denninger, Polizeiaufgaben, Rn. 31; Gusy, Polizeirecht, Rn. 87; 홍정선, 경찰행정법, 2007, 15면.
18) BVerwGE 82, 45(48 f.).
19) Lisken, Die Polizei im Verfassungsgefüge, in: Lisken/Denninger(Hrsg.), Handbuch des Polizeirechts, 4. Aufl., Rn. 48, 54, 55 참조.
20) 예컨대 정신병자, 만취자, 마약중독자의 자신에 대한 위해의 야기 혹은 경사가 심한 위험한 암벽을 충분한 경험이나 지형에 대한 지식, 장비 없이 등반하려는 경우를 들 수 있다.
21) 위험한 맹수를 데리고 길거리를 걷는 행위가 방치될 수는 없다.
22) Götz, Allgemeines Polizei- und Ordnungsrecht, Rn. 108; Denninger, Polizeiaufgaben, Rn. 31.
23) 헌법재판소 2003. 10. 30. 선고, 2002헌마518 결정; 독일 연방헌법재판소는 도

개인에 대한 보호는 공공의 안녕에 포함되는 객관적 법질서의 불가침성에 의해서도 이루어질 수 있다. 형법 및 질서위반을 규제하는 법률의 구성요건이 생명, 건강, 재산, 명예와 같은 개인적 법익을 보호하고 있기 때문에 경찰에 의한 이들 범죄나 질서위반 행위의 예방 및 제지는 동시에 개인적 법익을 보호하는 것이 된다.[24]

공공의 안녕에는 개인적 법익 외에 '공동의 법익'(kollektive Rechtsgüter)이 포함된다. 이는 예컨대 수도공급, 국민건강과 같이 공중, 특히 국가적 공동체에서의 생활을 고려하여 그 보호가 명하여진 법익들을 의미한다. 이러한 공동의 법익은 개인적 법익의 단순한 총합과는 다른 것으로 이해되고 있다.[25] 예컨대 환경이익의 보호, 도로교통의 안전 및 원활성, 식품소비자의 보호, 부적절한 영업행위로부터의 공중 보호, 감염병으로부터의 보호, 기술적 설비 위험으로부터의 보호 등이 공동의 법익으로서 공공의 안녕 범주에 포함될 수 있다.[26]

로교통법(StVO)에 의한 오토바이운전자의 보호헬멧착용의무 부과(제21a조)와 관련하여 보호헬멧의 미착용은 공공교통에서 이루어지는 것으로서 공중에게 중요하며 국가가 책임을 지는 영역에 있다고 한다. 보호헬멧 미착용으로 공공교통에서 감행된 리스크의 결과는 구조대의 투입, 의료적 조치, 재활훈련 등 공중에 대한 중대한 부담이 된다고 판시하고 있다(BVerfG 26. 1. 1982, NJW 1982, 1276).

24) Götz, Allgemeines Polizei− und Ordnungsrecht, Rn. 92 참조.
25) Knemeyer, Polizei− und Ordnungsrecht, Rn. 100.
26) Götz, Allgemeines Polizei− und Ordnungsrecht, Rn. 112; 이들 법익의 보호가 항상 법률의 규정을 필요로 하는 것은 아니다. 예컨대 기름유출로 인한 수역 오염의 위험은 공공의 안녕에 대한 위험이 되며 특정 물 관련 법률에서의 금지에 위반됨을 요건으로 하지 않는다. VGH Mannheim, DÖV 1991, 165 = DVBl 1990, 1047 참조.

3 공공의 질서

1) 의의

경찰관 직무집행법에서의 공공의 질서에 대해서는 독일 경찰법에서와 비슷한 의미로 이해하는 것이 종래 일반적이다. 즉, 헌법질서 안에서 건전한 공동생활을 위한 필수적인 전제로서의 지배적인 사회관·윤리관의 준수에 관한 모든 규율의 총체로 설명한다.[27] 이는 당시의 지배적인 가치관에 의할 때, 그것을 준수하는 것이 질서 있는 국가시민으로서의 공동체생활을 영위하기 위하여 불가결한, 공중에서의 개인의 행동에 대한 불문규범의 총체라고 하는 독일에서의 공공의 질서(öffentliche Ordnung)와[28] 거의 같은 관념이다. 대부분의 독일 주에서는 주경찰법에 공공의 안녕과 더불어 공공의 질서를 경찰상 보호법익으로 규정하고 있고, 작센-안할트주 경찰법(SOG LSA)은 공공의 질서를 "그의 준수가 당시의 지배적인 가치관에 따르면 질서 있는 국가시민의 공동체생활에서 불가결한 것으로 인정되는, 공중에서의 개인의 행동에 관한 합헌적 불문 규율의 전체"로 정의하고 있다(제3조 제2호).

이와 같이 이해되는 공공의 질서는 공공의 안녕에 포함되는 국가 제정 법규범을 제외한 불문의 규범을 의미하게 된다. 객관적 법질서로서 공공의 안녕에 포함되지 않는 경우에 비로소 공공의 질서가 문제된다는 점에서[29] 공공의 질서는 공공의 안녕에 대한 보충적 개념이라 할 수 있다. 따라서 공공의 안녕과 공공의 질서는 양자택일의 관계에 놓인다. 모범초안 임무규범에서 공공의 안녕 '또는'(oder) 질서로 규정한 것이 이러한 두 보

---

27) 홍정선, 행정법(하), 366면; 정하중, 행정법각론, 224면; 박균성, 행정법론(하), 2018, 628면 참조.
28) Götz, Allgemeines Polizei- und Ordnungsrecht, Rn. 122 참조.
29) Knemeyer, Polizei- und Ordnugsrecht, Rn. 104.

호법익 간의 관계를 나타낸다고 할 수 있다.

공공의 질서는 변화하는 시대적 가치관에 따라 정해지며 지역에 따라서도 다를 수 있는 가변적·동적 개념이다. 다만 공공의 질서는 사회의 가치관에 근거하고 있는 도덕, 윤리 등 사회규범으로서 명백한 다수에 의하여 지지되는 규범에 한정된다.[30] 또한 법상 허용되고 보호될 수 있는 것만이 인정될 수 있다. 즉, 헌법과 법률에 반하는 가치는 공공의 질서에 포함될 수 없다.

2) 공공의 질서 개념에 대한 비판

공공의 질서를 경찰상 보호법익에 포함시키는 것에 대해서는 여러 비판이 있다. 다원적인 민주국가에는 다양한 가치관이 존재하고, 지배적인 사회관, 윤리관을 설정하기 곤란하며, 명확성이 결여되어 있다는 비판이 그러하다. 또한 예전에 공공의 질서로 이해되어 왔던 많은 불문규범들이 오늘날에는 법률로 규율되어 공공의 안녕 보호법익에 속하게 됨으로써 공공의 질서 개념을 사용하여야 할 실질적 필요성이 감소되고 있다는 지적도 있다.[31] 실제로 공공의 질서에 해당하는 선량한 풍속이나 사회적 규범들의 위반은 우리법제에서도 경범죄 처벌법에 의해 규율되는 경우가 많다.

다원적인 사회질서하에서 공공의 질서는 매우 엄격하게 인정되어야 한다는 점에서 이러한 비판은 어느 정도 수긍할 수 있다고 본다. 독일의 주들 가운데에 브레멘, 슐레스비히-홀슈타인주와 같이 공공의 질서를 경찰상 보호법익으로 규정하지 않은 경우도 있다. 그러나 공공의 질서는 새로

---

30) 이와 같은 설명과 함께 공공의 질서에 반한다고 하는 독일 판례의 예(공동묘지에서의 무도회 개최, 사형수의 초상을 광고에 사용하는 것, 화장 후 남은 유골의 전시판매, 학교숙제의 대행업)를 들고 있는 문헌으로는 정하중, 행정법각론, 225면.

31) Götz, Allgemeines Polizei- und Ordnungsrecht, Rn. 126, 127; Knemeyer, Polizei- und Ordnungsrecht, Rn. 104 참조.

운 유형의 위험이 문제되어 (더 이상이 아닌) '아직은' 형법 혹은 기타 처벌
법규에서 중요시되지 않은 위험의 방지에서 그 의의가 인정될 수 있다.[32]
입법자가 신속하게 대응하지 못한, 부주의하거나 배려 없는 행동 혹은 적
대적 행동으로부터 사회적 평온을 보호함에 있어 도움이 될 수 있는 것이
다.[33] 또한 공공의 질서가 가치충족을 요하는 불확정개념이기는 하지만
법치국가에서 요구되는 명확성원칙에 반한다고 단정할 것은 아니다. 독일
연방행정재판소와 연방헌법재판소는 공공의 질서 개념이 오랜 기간 내용,
목적, 범위가 판례와 학설에 의해 정교하게 되었고 의미가 분명해졌으며,
법적 용어로서 확립되었으므로 이 개념을 사용할 수 있다고 보고 있다.[34]

3) 공공의 안녕과 같은 의미인지에 관한 논란

공공의 질서를 독일 경찰법에서와 달리 공공의 안녕과 같은 의미로 파
악하는 견해도 있다. 이는 주로 우리 법제에서의 실제 모습에 근거한다.
즉, 국내 법규정에서의 '질서'가 공공의 안녕과 분리하여 독립된 의미로 사
용되는 것은 아니라는 것이다. 최근 상당수의 학자들이 이러한 취지의 견
해를 피력하고 있다.[35]

---

32) 가상 살인행위를 하는 레이저돔을 영업목적으로 설치한 경우 공공의 질서에 대
   한 위해가 된다(OVG Koblenz, NVwZ-RR 1995, 30 f.; OVG Münster,
   DÖV 1995, 1004; OVG NW, DÖV 2001, 217 ff.; BVerwG, NVwZ 2002,
   598 ff.); 상호작용예술로 신고된 알몸걷기는 나체를 보게 되는 사람들의 수치
   심을 야기하여 공공의 질서에 대한 침해라고 본 예도 있다(OVG Münster,
   NJW 1997, 180).
33) Knemeyer, Polizei- und Ordnungsrecht, Rn. 104 참조.
34) 독일에서의 공공의 질서 개념의 유용성 논쟁에 대한 상세한 검토는 이기춘, 경
   찰법상 공공의 질서 개념의 재설정에 관한 연구, 공법학연구 제19권 제1호
   (2018. 2), 459면 이하 참조.
35) 예컨대 이성용, 독일 경찰법상 공공질서 개념의 국내법적 수용, 경찰학연구 제
   12권 제2호(2012. 6), 3면 이하; 서정범, 경찰법에 있어서 공공의 질서의 개념,
   경찰학연구 제8호(2005. 3), 8면 이하; 같은 지적과 함께 우리 경찰법에서의 공

개별 법률들을 살펴보면 실제로 공공의 질서를 엄격하게 구별하지 않으며 공공의 안녕과 같은 의미로 사용하는 듯한 모습들이 발견된다. 우선 경찰관 직무집행법 자체에서 '사회공공의 질서를 유지하기 위한'과 같이 공공의 안녕의 의미로 이해될 수 있는 규정(제1조 제1항)을 두고 있다. 다른 법률들의 예컨대 i) 화재, 재난 등 위급한 상황에서의 구조활동 등을 통한 공공의 안녕 및 질서 유지(소방기본법 제1조), ii) 국민의 생명·신체 및 재산을 보호하고 공공의 안녕과 질서를 유지하기 위하여 화염병을 제조·보관·운반·소지 또는 사용한 사람을 처벌함(화염병 사용 등의 처벌에 관한 법률 제1조)과 같은 규정에서의 질서는 공공의 안녕과 같은 의미로 이해하는 것이 자연스럽다. 총포·도검·화약류 등의 안전관리에 관한 법률 제30조 제1항 제6호는 공공의 안녕질서라고 하여 공공의 안녕과 질서를 하나의 용어로 결합하여 사용하고 있고, 이는 공공의 안녕 그 자체를 지칭하는 것으로 볼 수 있다. 계엄법 제2조 제2항에서의 공공의 안녕질서 역시 마찬가지로 해석된다.[36]

우리 헌법 제37조 제2항에서 기본권제한의 근거로 들고 있는 질서유지는 널리 사회공공의 안녕질서의 유지를 의미한다고 해석되고 있다. 다만 국가안전보장도 기본권제한의 근거로 정하고 있어, 국가안전보장이 국가의 독립·영토의 보전·헌법과 법률의 기능·헌법에 의하여 설치된 국가기관의 유지 등의 의미로 이해될 수 있기 때문에 여기에서의 질서유지는 국가안전보장을 제외한 질서의 유지, 즉 보다 좁혀진 의미의 공공의 안녕으로 해석될 수 있다.[37]

확실히 우리 법제에서의 이와 같은 사용례들을 보면 경찰관 직무집행

공의 질서 개념의 유용성 여부 및 의미에 관한 논의의 상세한 정리는 이기춘, 경찰법상 공공의 질서 개념의 재설정에 관한 연구, 480면 이하 참조.
36) 집회 및 시위에 관한 법률 제8조 제1항에서는 '집단적인 폭행, 협박, 손괴, 방화 등으로 공공의 안녕 질서에 직접적인 위험을 초래한 경우'로 띄어서 표기하고 있기는 하지만 의미상 결합된 하나로 파악할 수 있다.
37) 성낙인, 헌법학, 2016, 958면 참조.

법에서의 공공의 질서를 독일 경찰법에서와 같은 의미로 해석하는 것에 의문을 갖게 한다. 그러나 해양경찰법 제14조 제2항의 '해양에서의 공공의 안녕과 질서유지', 군사법원법 제67조 제1항의 재판공개로 인한 '공공의 안녕과 질서를 해칠 우려', 관광진흥법 제21조 제2항의 허가제한 사유로서의 '공공의 안녕, 질서유지', 출입국관리법 제22조 제1항의 외국인 활동범위 제한 사유로서의 '공공의 안녕질서'처럼 '준수되어야 할 불문규범의 총체'로 해석하는 것이 가능한 규정도 분명히 존재하고 있다. 그러한 점에서는 경찰관 직무집행법에서의 공공의 질서가 공공의 안녕과 동일한 개념이라고 단정하기에는 무리가 있다.

물론 준수되어야 할 불문규범의 전체가 명확하지 않음에 기인한, 보호법익으로서의 실질적 비중이나 경찰상 개입의 실효성을 고려하면 공공의 질서를 공공의 안녕과 분리된 독립적인 것으로 해석하지 않더라도 크게 문제되지는 않을 것이다. 다만 앞서 본 바와 같이 공공의 질서를 독일에서와 같이 파악하는 경우 법규정에 의해서 아직 규제되고 있지 않은 위험에 대처할 수 있는 경찰작용 영역이 설정될 수 있다는 점에서 일단 공공의 질서를 공공의 안녕과 다른, 별개의 보호법익으로 이해하기로 한다.

제5장

정보활동
임무에서의
위험

제5장

정보활동 임무에서의
위험

1 위험

1) 위험의 정의

위험이란 어떠한 상태나 행위가 그의 객관적으로 예상될 수 있는 진행
이 저지되지 않는다면 경찰상 보호법익을 손상할 개연성이 있는 경우를
의미한다.[1] 즉, 위험은 머지않아(in absehbarer Zeit) 공공의 안녕과 질서에
대한 손상(Schaden)이 발생할 충분한 개연성(Wahrscheinlichkeit)이 있는
상태라고 할 수 있다.[2] 이와 같은 위험 관념은 공공의 안녕 또는 질서에
대한 위험의 방지를 경찰 임무로 명시하고 있는 독일 경찰법에서의 학설
과 판례에서 정립된 것이고, 우리 경찰법문헌에서의 위험 개념 또한 그 표

---

1) BVerwGE 45, 51(57); Gusy, Polizeirecht, Rn. 108.
2) Götz, Allgemeines Polizei – und Ordnungsrecht, Rn. 140.

현과 내용에 있어 독일에서와 거의 동일하다.[3] 독일 일부 주의 경찰법은 개개의 사안에서 머지않아 공공의 안녕(또는 질서)에 대한 손상이 발생할 충분한 개연성이 있는 상태로 직접 위험을 정의하고 있기도 한다.[4] 위험은 그 개념 설명에서 나타나듯이 특히 손상과 손상발생의 개연성이라는 두 가지 변수(變數)에 의하여 정해진다.

2) 손상

위험은 가정적인 사건진행에 의하면 공공의 안녕과 질서의 관념에 포함되는 규범, 권리, 법익이 외부로부터의 영향으로 훼손되는 것을 의미하는 손상이[5] 발생되는 경우에 성립한다. 손상은 보호되는 개인 또는 공동체적 법익의 통상적인 현재 상태가 객관적으로 감소되는 경우에 있게 된다.[6] 다만, 법익이 완벽하게 불이익을 입지 않고 있는 경우는 현실적으로 상정하기 어렵기 때문에 모든 '불편의 초래'(Beeinträchtigungen)를 손상이라고 할 수는 없다. 손상은 법익에 대한 사회적으로 상당하지 않은 침해로서 수인될 수 없는 것을 의미하며, 수인될 수 있는 불이익(Nachteil) 혹은 부담(Belästigung)은 손상이 아니다.[7]

---

3) 예컨대, 구체적인 개별 사안에 있어서 가까운 장래에 손해발생의 충분한 가능성이 존재하는 경우(구체적 위험: 김동희, 행정법II, 194면), 그것을 방치하게 되면 가까운 장래에 공공의 안녕과 질서에 해를 가져올 충분한 개연성이 있는 상태(김남진/김연태, 행정법II, 269면), 현재의 상황을 방치하는 경우에는 공공의 안녕과 질서에 대한 침해를 가져올 충분한 개연성이 있는 상태(박윤흔, 최신행정법강의(하), 2001, 304면), 일반적인 생활경험상 판단에 의할 때 어떠한 행위나 상태가 방해를 받지 않고 진전되면 멀지 아니한 시점에 경찰상 보호이익에 피해를 가져올 충분한 개연성이 있는 상황(홍정선, 행정법원론(하), 367면) 등으로 위험을 정의하고 있다.
4) § 2 Nr. 1 NdsSOG; § 2 Nr. 3 a) BremPolG; § 3 Nr. 3 a) SOG LSA.
5) Götz, Allgemeines Polizei- und Ordnungsrecht, Rn. 141; Schenke, Polizei- und Ordnungsrecht, Rn. 53.
6) Denninger, Polizeiaufgaben, Rn. 40 참조.

손상과 수인될 수 있는 불이익 혹은 부담은 법규범 또는 그때그때의 표준적인 사회적 법칙이 법익주체에게 통상적인 것으로서 인용케 하는지의 여부에 의해 구별된다. 행정규칙은 권리와 의무에 대한 독자적인 근거가 될 수는 없지만, 경우에 따라서는 법률적 수인의무의 구체화를 위해서 원용될 수 있다.[8]

위험은 엄밀한 의미에서 미래의 손상에 대한 개연성이 인정될 때 성립하는 것이기 때문에 위험개념에 있어서의 손상은 미래의 손상(künftiger Schaden)을 의미한다.[9] 위험을 미래의 손상으로 파악하는 것은 경찰의 관념을 미래의 손상에 대한 방지로 이해한 18세기 말경의 Karl Friedrich Häberlin에서부터 유래한다. Häberlin은 1770년에 Johan Stefan Pütter가 미래의 악의 방지를 위한 고려 또는 미래의 위험에 대한 방어로 설명되는 cura avertandi mala futura의 원칙을 가지고 경찰 개념을 한정하는 것을 수용하면서, 바로 지금의 악이 아닌 오직 미래의 악을 방지하는 것이 경찰의 임무라고 설명하고 있다.[10]

위험의 성립에 있어서 손상의 발생이 목전에 급박할 필요는 없다.[11] 다만 위험이 존재하기 위해서 시간적으로 언제까지 손상이 발생할 수 있는 것이어야 하는가에 대해서는 명확히 설명하기 어렵다. 손상이 가까운 시간 안에(in naher Zeit) 발생가능함을 요한다고 설명되기도 하고,[12] 조망

---

7) 예컨대 길가에 있는 주거가 항상 조용할 수는 없으며, 자동차는 나쁜 길 위를 달릴 경우도 있다. Gusy, Polizeirecht, Rn. 104 참조.
8) Gusy, Polizeirecht, Rn. 105.
9) Walker, Abstrakte und konkrete Gefahr, 1994, S. 86; 또한 Gusy, Polizeirecht, Rn. 109 참조.
10) Häberlin, Handbuch des Teutschen Staatsrechts nach dem System des Herrn Geheimen Justizrath Pütter Bd. 1, 1794, Vorrede S. VII(Walker, Abstrakte und konkrete Gefahr, S. 10 재인용).
11) BVerwG, DÖV 1970, 713＝NJW 1970, 1890; BVerwG, DVBl 1973, 857(859).
12) 예컨대 Schenke, Polizei－ und Ordnungsrecht, Rn. 56.

할 수 있는 미래의 언젠가(irgendwann in berschaubarer Zukunft)의 손상발생이면 충분하다고[13) 하는 식으로 통일적이지 않은 것은 이러한 이유 때문이라 할 수 있다.

위험에 있어서의 손상이 미래의 손상을 의미하더라도 시간상 극단적으로 멀리 떨어져 있는 손상의 경우에는 위험의 성립 여부에 대한 논란을 크게 한다. 위험이 성립된다 하더라도 손상이 먼 미래에 발생한다는 것은 실무적으로는 경찰의 개입이 먼 미래에 있게 됨을 의미하며, 이처럼 경찰 개입의 시점이 먼 미래에 속할수록 경찰의 관할은 예상될 수 있는 질서행정청에 의한 관할보다 점점 더 적게 고려된다.[14)

손상이 발생했지만 법익침해가 계속되는 경우 혹은 손상이 발생된 상태가 또 다른 손상을 초래할 개연성이 있는 경우를 장해(障害: Störung)라고 한다.[15) 법익에 대한 손상이 이미 발생하고 있기 때문에 장해에 대한 경찰작용은 방지가 아닌 제거(Beseitigung)로 설명되지만 이러한 장해제거 역시 위험방지의 한 양태로서 예방적 경찰작용으로 분류된다.[16) 장해의 제거는 결과적으로 시간상 가장 급박한 위험에 대한 방지를 의미한다고 할 수 있다.[17)

3) 손상발생의 개연성

개연성은 현재의 사건이 공공의 안녕과 질서의 훼손으로 발전될 것인지의 판단을 위한 기준으로서, 주어진 정황에 근거하여 경험칙에 따라 정

---

13) 예컨대 Götz, Allgemeines Polizei – und Ordnungsrecht, Rn. 142.
14) Denninger, Polizeiaufgaben, Rn. 41 참조.
15) Denninger, Polizeiaufgaben, Rn. 15.
16) Drews/Wacke/Vogel/Martens, Gefahrenabwehr, 9. Aufl., S. 220; Gusy, Polizeirecht, Rn. 103; Götz, Allgemeines Polizei – und Ordnungsrecht, Rn. 149.
17) Gusy, Polizeirecht, Rn. 103.

해진다.[18] 법익이 통상적으로 위협받는 정도를 넘어서는 경우, 다시 말해서 보통의 감수할 수 있는 손상가능성을 넘어서는 경우에 손상발생의 충분한 개연성(hinreichende Wahrscheinlichkeit)이 있다고 설명된다. 즉, 손상의 발생이 일반적인 생활상의 리스크(Risiko)를 넘어서는 경우에 충분한 개연성이 있는 것이며, 결국 경찰법상의 위험은 특별한, 사회적으로 상당하지 않은 리스크를 뜻하게 된다.[19]

다만, 단순한 개연성(bloße Möglichkeit) 혹은 손상발생과 동떨어지지 않은 가능성(nicht entfernte Möglichkeit)의 경우에도 위험이 인정될 수 있다고 설명하는 견해에서[20] 보이듯이 충분한 개연성이라는 표현이 반드시 엄격하게 해석되는 것만은 아니다.[21] 또한 예상되는 손상이 클수록 그리고 보호이익이 중할수록 손상발생의 개연성에 대한 요구가 작아진다는 점도 하나의 법칙처럼 받아들여지고 있다.[22]

미래는 알려진 것이 아니며 단지 예측(Prognose)될 수 있을 뿐이다. 예측에 의하여 과거와 현재의 사정으로부터 미래의 사건을 추론하게 되며, 이러한 의미에서 예측은 '미래에 대한 정신적 선취(先取)'라고 표현되기도 한다.[23] 위험방지를 위한 경찰작용은 항상 미래의 손상에 대한 것이기 때문에 위험을 방지하는 조치들에 있어서는 손상에 대한 예측이 행해진다.

---

18) Götz, Allgemeines Polizei- und Ordnungsrecht, Rn. 142 참조.
19) Gusy, Polizeirecht, Rn. 109, 110; Darnstädt, Gefahrenabwehr und Gefahrenvorsorge, Diss., 1983, S. 53.
20) Götz, Allgemeines Polizei- und Ordnungsrecht, Rn. 142; BVerwGE 28, 310(315); BVerwG, DÖV 1970, 714.
21) 경찰법상 위험을 손상발생의 상대적 개연성(relative Wahrscheinlichkeit)이라고 표현하는 것 역시 이러한 맥락에서 이해될 수 있다. Walker, Abstrakte und konkrete Gefahr, S. 215 참조.
22) BVerwGE 47, 31(40); 62, 36(39); KG Berlin in NVwZ 2000, 468(471).
23) Ossenbühl, Die Kontrolle von Tatsachenfeststellungen und Prognoseentscheidungen durch das Bundesverfassungsgericht, in: von Starck (Hrsg.), Bundesverfassungsgericht und Grundgesetz, Bd. I, 1976, S. 501; Tettinger, Administrativer Prognosespielraum, DVBl 1982, S. 423.

예측작용과 관련하여 위험을 정의한다면 '객관적으로 예상될 수 있는 사건의 진행이 차단되지 않는 경우 경찰상 보호법익이 손상될 개연성에 대한 근거가 존재하는 경우'라고 말할 수 있다.[24)

어떤 상황으로부터 손상이 발생할 개연성이 있다는 예측은 학문적 인식 혹은 경험지식에 의거한다.[25)] 미래의 손상에 대한 추론을 이유 있게 하는 근거가 그 언급의 시점에 현존하는 경우 예측은 정당하며, 추후에 실제 손상이 발생하였는지의 여부는 예측의 정당성과는 관계없다.[26)]

4) 경찰관 직무집행법에서의 위험 · 위해의 의미

경찰작용에 관한 일반법이라고 할 수 있는 경찰관 직무집행법 제2조는 경찰관의 직무범위를 정하면서 '위험'이라는 표현을 사용하고 있지 않다. 경찰법 제3조 역시 경찰임무를 규정하면서 명시적으로 위험의 방지를 규정하고 있지 않다. 경찰관 직무집행법에서 위험방지라는 표현은 제7조의 제목 "위험 방지를 위한 출입"에서만 발견된다. 그리고 동법은 제4조 제3항의 "무기·흉기 등 위험을 일으킬 수 있는", 제5조의 제목 "위험 발생의 방지 등" 및 제1항 본문의 "위험물의 폭발", "위험한 사태가", 제7조 제1항의 "위험한 사태가" 그리고 제10조의4 제1항 제2호 라목의 "위험한 물건을"이라는 표현에서 위험이라는 용어를 사용하고 있다.

경찰관 직무집행법은 위해라는 용어를 위험보다 더 많이 사용하고 있다. 제2조 제5호의 "교통 위해의 방지", 제4조 제1항 제1호의 "다른 사람의 생명·신체와 재산에 위해를 끼칠 우려", 제5조 제1항 본문의 "사람의 생명 또는 신체에 위해를 끼치거나 재산에 중대한 손해를 끼칠 우려", 제2호의 "위해를 입을 우려가 있는 자" 및 제3호의 "위해를 방지하기 위하여

---

24) Gusy, Polizeirecht, Rn. 111.
25) Götz, Allgemeines Polizei – und Ordnungsrecht, Rn. 151.
26) BVerwGE 45, 51 참조.

필요하다고 인정되는", 제6조의 "사람의 생명·신체에 위해를 끼치거나 재산에 중대한 손해를 끼칠 우려", 제7조 제1항의 "사람의 생명·신체 또는 재산에 대한 위해가 임박한 때에는 그 위해를 방지하거나" 및 제2항의 "사람의 생명·신체·재산에 대한 위해를 예방", 제10조 제1항의 "사람의 생명이나 신체에 위해를 끼칠 수 있는" 및 제3항의 "다른 사람의 생명·신체에 위해를", 제10조의3 제2호의 "자신이나 다른 사람의 생명·신체와 재산 및 공공시설 안전에 대한 현저한 위해의 발생 억제", 그리고 제10조의4 제1항 단서의 "사람에게 위해를 끼쳐서는" 및 제2항의 "사람의 생명이나 신체에 위해를 끼칠 수 있도록"에서 위해라는 용어를 사용하고 있다.

대부분의 국내 문헌에서는 위해라는 용어를 위험과 장해를 포괄하는 개념으로 설명한다.[27] 그러나 경찰관 직무집행법에서의 위해가 반드시 위험과 장해를 포함한 의미로 사용되는 것만은 아니다. 우선 앞에서의 위해라는 표현 가운데 대부분은 손상 그 자체를 의미한다. 즉, 제4조 제1항 제1호, 제5조 제1항 본문 및 제2호, 제6조의 위해는 법익에 대한 손상을 의미한다고 할 것이다. 이 경우 손상은 판단의 시점에서 시간적으로 장래에 발생되는 손상이며 그에 대한 우려가 있는 경우가 위험이 된다. 특히 경찰 장비 및 무기의 사용과 관련하여 위해를 규정한 제10조 제1항 및 제3항, 제10조의4 제1항 단서 및 제2항에서의 위해는 이를 손상 또는 침해 그 자체만을 의미하는 것으로 이해하여야 자연스럽다.

그에 비해서 제2조 제5호에서의 위해는 이를 위험과 같은 의미 혹은 위험 및 장해의 의미로 파악하는 것이 자연스럽다. 즉, 교통 위해의 방지는 교통에 있어서의 '위험의 방지'를 규정한 것으로 이해할 수 있다. 또한 제5조 제1항 제3호, 제7조 제1항 및 제2항, 그리고 제10조의3 제2호의 위해는 손상으로 해석할 수도 있지만 위험과 동일한 관념으로 해석하더라도

---

27) 예컨대 박윤흔, 최신행정법강의(하), 304면; 김남진/김연태, 행정법II, 269면; 장영민/박기석, 경찰관직무집행법에 관한 연구, 58면.

무리가 없다.

제7조 제1항의 위해에서는 장해의 관념도 두드러진다. 동규정의 "위험한 사태가 발생하여 사람의 생명·신체 또는 재산에 대한 위해가 임박한 때에"의 위해는 이미 법익에 대한 손상이 발생하여 법익침해가 계속되거나 혹은 발생된 손상이 또다른 손상을 초래할 개연성이 있는 경우를 의미한다고도 볼 수 있기 때문이다.

요컨대 경찰관 직무집행법에서의 위해는 법익에 대한 손상 혹은 침해를 의미하기도 하고, 위험과 동일한 것으로 파악되기도 하며, 경우에 따라서는 장해까지도 포괄하는 것으로 사용되고 있다.

2 추상적 위험·구체적 위험

1) 경찰 임무에서의 추상적 위험·구체적 위험

경찰관 직무집행법이 직접 공공의 안녕과 질서에 대한 위험의 방지라는 표현을 사용하고 있지는 않지만 제2조 제7호 그 밖에 공공의 안녕과 질서 유지에서 나타나는 바와 같이 공공의 안녕과 질서에 대한 위험방지라는 예방적 작용은 가장 본질적이고 중요한 경찰 임무가 된다. 집행경찰로서의 경찰관의 위험방지 임무는 많은 경우 개별사례에서 실재하는 위험에 대하여 조치를 취하는 형태로 수행된다.[28] 즉, 경찰의 예방임무에는 구

---

28) 이 점을 강조하여 독일의 일부 주의 입법은 위험을 정의하면서 구체적 위험만을 의미하는 것으로 규정하기도 하고(예컨대 § 2 Nr. 3 a BremPolG; § 2 Nr. 1 a NDsSOG; § 3 Nr. 3 a SOG LSA), 일부 견해는 경찰은 구체적 위험이 형성된 시점에서 위험방지를 하여야 하므로 임무규범에서의 위험은 구체적 위험만을 의미한다고 해석하기도 한다(예컨대 Wagner, Kommentar zum Polizeigesetz von Nordrhein—Westfalen und zum Musterentwurf eines einheitlichen Polizeigesetzes des Bundes und der Länder, 1987, Rn.

체적 위험의 방지가 그 중심에 놓여 있고, 경찰관 직무집행법 제2조에 의한 위험방지 임무의 대상에는 구체적 위험이 포함된다. 경찰상 보호법익에 대한 위험을 방지하기 위한 정보활동을 지정하는 임무규범을 두는 경우 그때의 위험에는 당연히 구체적 위험이 포함된다.

경찰관 직무집행법 제2조에 의한 경찰의 예방적 작용에는 예컨대 공원의 순찰, 위험예방을 위한 계몽 · 안내 · 지도, 위험을 효과적으로 방지하기 위한 정책 및 계획의 수립과 같은 활동도 포함된다. 이들 활동은 모두 공공의 안녕과 질서를 유지하기 위해 필요한 경찰작용이다. 그러나 이러한 작용이 반드시 구체적 위험 상황에서 이루어지는 것은 아니다. 오히려 향후 처분 등 조치를 발하게 되는 실재하는 구체적 위험의 '관념적 가능성'(觀念的 可能性)이 주로 문제된다. 따라서 경찰의 활동 범위를 정하는 제2조의 임무규범이 상정하는 위험이 구체적 위험에 한정되는 것은 아니다. 경찰의 정보활동 역시 같은 범주에서 이루어질 수 있으며, 이와 관련하여 이른바 추상적 위험의 관념이 검토될 수 있다.

2) 추상적 위험 · 구체적 위험 개념의 형성

경찰법에 있어서의 추상적 위험 · 구체적 위험은 독일에서 경찰명령과 경찰처분의 요건을 설명하면서 정립된 관념이다.[29] 1919년 Scholz는 경찰명령과 경찰처분을 설명하면서 위험을 두 종류, 즉 경찰명령 요건으로서의 추상적 위험과 경찰처분 요건으로서의 구체적 위험으로 구별한다.

102.). 그러나 이와 같이 규정하거나 해석하는 경우 이른바 위험예방적 활동이 경찰의 위험방지임무에서 제외될 수 있다는 점에서 찬성하기 어렵다. 같은 취지 Knemeyer, Polizei- und Ordnugsrecht, Rn. 90 참조.
29) 경찰처분과 경찰명령이라는 개념의 구별은 1876년 8월 1일 프로이센 고등행정법원의 판결(ProVGE 1, 319(322))에서부터 나타난다. 동판결에서는 경찰명령을 일반적 규율로, 경찰처분을 구체적 사안에서의 규율로 표현하고 있다. Walker, Abstrakte und konkrete Gefahr, S. 25 참조.

그는 경찰명령은 단순히 개별·구체적인 사례에 대한 것이 아니라 일반적인 효력을 가진 것이며 그의 요건이 되는 위험은 오직 추상적 위험이라고 설명한다. Schloz에 의한 추상적 위험과 구체적 위험의 구분은 그 직후에는 별로 호응을 얻지 못하다가 Drews에 의해서 비로소 보다 확고해진다. Drews는 일반적으로 구속적인 경찰명령에 있어서는 추상적으로 규정된 구성요건에서 도출되는 위험의 장래 발생의 충분한 개연성으로 족하지만, 경찰처분은 위험이 관련된 개개의 사례에서 실제로 존재하는 경우에 적법하다고 하여 추상적 위험과 구체적 위험을 구별하고 있다.[30]

추상적 위험과 구체적 위험의 관념은 1929년 프로이센고등법원의 이른바 양돈업자판결의[31] 잠재적 위험(potentielle Gefahr)·현실적 위험(aktuelle Gefahr)의 구분에서도 나타난다고 설명되기도 한다. 이 판결에 따르면 잠재적인 위험은 '공중'(公衆) 및 '모든 사례들'과 연결되고, 잠재적인, 양돈에 존재하는 위험은 개별사례에서 현실적 위험으로 인정되어 방지되어야 한다.[32] 잠재적 위험을 모든 사례에서 일반적으로 고려될 수 있는 위험으로, 현실적 위험을 개별사례에서의 위험으로 파악할 수 있다고 보면 '잠재적'과 '현실적'이라는 표현은 결과적으로 '추상적' 및 '구체적'과 같은 의미를 갖는 것으로 이해하게 된다.[33]

1937년 11월 18일 프로이센고등행정재판소의 판결에서는[34] 오늘날에도 여전히 유효하다고 할 수 있는 추상적 위험·구체적 위험의 개념을 경찰명령 및 경찰처분과 관련하여 설명하고 있다. 그에 의하면 개별사례에

---

30) Walker, Abstrakte und konkrete Gefahr, S. 57 f. 참조.
31) PrOVGE 85, 272.
32) PrOVGE 85, 272(273).
33) Walker, Abstrakte und konkrete Gefahr, S. 62 f. 참조; 그러나 잠재적 위험을 금후 장해가 되는 요인의 본질적 변화 없이 주위 사정의 변화에 따라서 비로소 절박해지는 위험이라는 의미로 이해하면 잠재적 위험을 추상적 위험과 다른 관념으로 파악하게 된다. Knemeyer, Polizei- und Ordnugsrecht, Rn. 93, 99 참조.
34) PrOVGE 101, 142.

실제로 존재하는 구체적 위험은 경찰처분의 요건이 되고, 추상적 위험은 경찰명령에서 고려되는 사례들에서 통상적이거나, 다수의 사례에 구체적 위험이 존재하는 경우, 혹은 경찰명령과 관련된 행위 및 상태의 유형으로부터 일상의 경험에 의하면 개별사례에서 압도적 개연성을 갖고 구체적 위험이 발생하곤 하는 경우에 긍정될 수 있다.[35]

　전후 5·60년대 독일 주경찰법은 1931년 프로이센 경찰행정법의 영향을 받아 정비되었고, 동법 제24조가 규정했던 경찰명령은 현재에도 독일 각주의 경찰법 또는 질서행정법에 규정되어 있으며, 학설은 추상적 위험·구체적 위험의 관념을 주로 경찰명령과 경찰처분 발령 시의 위험과 관련하여 설명하고 있다.

3) 양적(量的) 요소에 의한 추상적 위험 · 구체적 위험의 구별

　추상적 위험·구체적 위험관념의 구분 아래 독일의 판례와 학설은 양개념을 구별하기 위한 다양한 설명을 해 왔는바,[36] 특히 (불특정)다수의 사례/개별사례라고 하는 이른바 양적 요소를 통한 구별이 그 중심을 이루어 왔다. 즉, 개별사례에서의 위험을 구체적 위험, 다수 사례에서의 위험을 추상적 위험으로 파악한다.

　이러한 양적 요소를 통한 구별은 무엇보다도 추상적 위험·구체적 위험이 경찰명령, 경찰처분과 연계하여 성립된 관념이라는 데에 기인한다. 우선 경찰처분은 판단이 가능한 구체적인 개별사례에서 언젠가는, 그러나 조망할 수 있는 미래에 상당한 개연성을 가지고 손상이 예상되는 경우에

---

35) PrOVGE 101, 142(143).
36) (불특정)다수의 사례/개별사례 혹은 불특정수의 수범자/특정수의 수범자라고 하는 양적 요소, 미래의 위험/현재의 위험이라는 시간적 요소, 손상발생 개연성의 정도라는 예측적 요소 등에 의한 학설·판례상의 구별에 대한 분석적 고찰에 대해서는 Walker, Abstrakte und konkrete Gefahr, S. 96 f. 참조.

행해지는 것으로서, 경찰처분의 요건이 되는 위험은 개별사례에 실재하는 위험이다. 개별사례에 실재하는 위험이 바로 구체적 위험이 된다. 따라서 경찰법 또는 질서행정법이 개별사례에서의 침해적 조치에 대하여 수권한 경우 그 요건이 되는 위험은 구체적 위험이다.[37] 일반수권조항에 근거하여 발하여지는 경찰처분에서 요건이 되는 위험 역시 같은 논리에서 구체적 위험이 된다.[38] 비교적 큰 규모의 인적 범위에 대하여 발하여지는 위험방지조치들이 특정된 혹은 특정될 수 있는 인적 범위에 대한 것으로서 개별사례에 대한 규율이라는 징표를 갖는 경우 그것은 일반처분이 되며, 이러한 의미의 일반처분에서 방지되는 위험 혹은 제거되려는 장해는 개별사례에 대한 것으로서 구체적 위험이 된다.[39]

그에 비해서 경찰명령은 특정한 행위방식 혹은 상태에 대한 일반·추상적 고찰에 의하면 개별사례에서 손상이 발생하곤 하여 재차 개별사례에서의 손상발생에 대한 판단 없이 법규범에 의하여 이를 퇴치할 필요가 있는 경우에 발령되는 것으로서, 불특정수의 사례에서 불특정수의 인에 대하여 발하여지는 추상적·일반적 규율이며 그의 발령요건이 되는 위험은 존재하는 현실사건에 따른 위험이 아니다. 단지 가정적(假定的)인, 상상된, 비실재적(非實在的)인 위험일 뿐이다.[40] 따라서 경찰명령의 규율 대상이 되는 (불특정)다수의 사례에 있어서의 위험은 추상적 위험이 된다.[41]

---

37) Götz, Allgemeines Polizei— und Ordnungsrecht, Rn. 144 참조.
38) Denninger, Polizeiaufgaben, Rn. 44; Knemeyer, Polizei— und Ordnugsrecht, Rn. 89.
39) Götz, Allgemeines Polizei— und Ordnungsrecht, Rn. 632.
40) Götz, Allgemeines Polizei— und Ordnungsrecht, Rn. 632; Denninger, Polizeiaufgaben, Rn. 43.
41) 이처럼 추상적 위험이 존재하고 이를 경찰명령으로 규율하는 경우, 경찰명령의 일반적 명령 또는 금지가 과잉금지원칙에 반하지 않는 한, 개별사례에서 경찰명령상의 보호법익에 대한 구체적 위험이 확인되지 않는다 하더라도 경찰명령에 근거하여 행해지는 경찰조치는 단지 추상적 위험의 방지를 위해 발하여진 명령 또는 금지에 대한 위반임을 적시하면 충분하고 구체적인 사례에서 보호법익에 대한 위험이 존재할 것을 요하지는 않는다고 한다. 예컨대 적색신

양적 요소를 통한 추상적 위험·구체적 위험의 구별이 독일에서 현재까지도 유지되고 있음은 모범초안 제8조 제1항 및 여러 주경찰법들이[42] 일반수권조항에서의 위험을 개별사례에 존재하는 위험으로 규정하고 있고, 표준적인 경찰법 문헌들이 구체적 위험을 "개별사례에 존재하는 손상발생의 충분한 개연성",[43] "개별사례에 존재하는 위험 또는 생활현실에 존재하는 구체적 사정에서 발생되는 위험"[44] 등으로 설명하고 있는 데에서 잘 나타나고 있다.

추상적 위험·구체적 위험을 경찰명령·경찰처분의 서로 다른 요건으로 이해하고 (불특정)다수의 사례/개별사례라고 하는 양적 요소를 중심으로 구별하는 것에 대해서는 기본적으로 긍정할 수 있다 할 것이다. 그러나 양적 요소만을 내세우는 경우 추상적 위험·구체적 위험이 항상 명확하게 구별되지 않을 수도 있다. 개별사례라고 하는 것이 규율되는 사정에 대한 것인지, 관련된 수범자에 대한 것인지, 아니면 양자 모두에 있어서 그런 것인지 다투어질 수 있고, 어떠한 사정이라고 하는 것이 여러 구성요소에 의해서 이루어져 있어 보는 관점에 따라서는 각기 다른 사정으로 파악될 수도 있기 때문이다.[45] 또한 양적 요소를 강조하여 개별사례에 대한 규율

호에 차도를 횡단하는 자는 야간에 주변에 소통하는 차량이 없더라도 교란자가 된다는 설명이 그것이다. Denninger, Polizeiaufgaben, Rn. 33; Götz, Allgemeines Polizei- und Ordnungsrecht, Rn. 606 참조; 그러나 엄밀히 고찰해 보면 그와 같은 경우에도 구체적 위험 혹은 장해가 존재한다고 할 수 있다. 법령위반 또는 공공의 안녕 보호법익으로서의 도로교통에 대한 훼손이라는 구체적 위험 내지 장해가 인정되기 때문이다. Schenke, Polizei- und Ordnungsrecht, Rn. 47.

42) 예컨대 §§ 10 I BbgPolG, 10 I BremPolG, 11 HSOG, 13 SOG MV, 8 I PolG NRW.
43) Denninger, Polizeiaufgaben, Rn. 42.
44) Götz, Allgemeines Polizei- und Ordnungsrecht, Rn. 144.
45) 화력발전소의 냉각탑에서 나오는 수증기로 인하여 발전소 주변의 도로가 일정한 기온하에서 결빙될 가능성이 존재하여 행정청이 화력발전소의 경영자에게 오직 냉각탑에서 나오는 수증기로 인하여 빙판이 만들어지는 때에 이를 제거할 의무를 부과하는 경우, 시간적 관점에서 보면 매번 빙판이 만들어질 때마

인 경찰처분의 발령요건이 구체적 위험이라고 설명하는 경우 일반처분에 해당하는지 혹은 법규범에 해당하는지 논란의 소지가 있는 규율에서는 그러한 규율의 형식을 무엇으로 파악하느냐에 따라 위험의 종류가 유동적일 수 있는 문제도 발생할 수 있다.[46] 이와 같은 문제들 때문에 추상적 위험·구체적 위험에 대한 보다 정확한 구분을 위해서는 다른 징표에 대한 고찰도 필요하다.[47]

다의 불특정다수의 경우가 되고, 공간적 관점에서 보면 개별경우에 대한 조치가 되며, 이와 같은 규율이 이루어지는 수범자는 특정인이므로 양적 관점에서의 구별에 의존한다면 그것이 구체적 위험인지 추상적 위험인지 명확하지 않게 된다. 위험의 종류에 대한 논란에도 불구하고 이와 같은 규율은 특정 상대방에 대한 조치라는 점에서 행정행위의 성격을 갖는 경찰처분으로 파악되고 있다. 이 사례에 대해서는 OVG Münster, OVGE 16, 289 참조; 또한 서정범, 경찰의 행위형식으로서의 경찰명령과 경찰상의 행정행위, 안암법학 제8호 (1998 하반기), 111면 이하 참조.

46) 예컨대 전염병위험으로 방송을 통해 상치의 판매를 금지하거나 혹은 사고위험으로 표지판을 설치하여 호수의 특정 지역에 대한 수영을 금지하는 경우에 있어서, 전자의 경우 기존의 야채와 생필품상을 생각하면 수범자 범위가 특정될 수 있는 것으로 보아 일반처분으로 볼 수 있지만 저렴한 판매를 이용하여 고객이 상치를 이웃과 친구에게 다시 팔 수 있다는 점을 고려하면 특정 가능성에 대한 의문이 제기될 수 있고, 후자의 경우에도 당해 호수 어귀의 풀밭에서 즐기는 사람을 생각한다면 금지가 발하여진 특정된 인적 범위를 생각할 수 있지만 그 누구도 이 장소에서 수영할 수 없다는 점을 전면에 내세우면 그러한 금지는 불특정 수의 사람에 대한 것으로서 법규로 볼 수도 있다. 개별사례에서의 처분에 대한 요건이 구체적 위험, 불특정다수 사례에 대한 경찰명령의 요건이 추상적 위험이라고 하면 위와 같은 예들에서 작용형식에 대한 판단결과에 따라 규율이 이루어지는 사정이 구체적 위험으로도 추상적 위험으로도 될 수 있어 이는 수긍할 수 없다. 오히려 규율대상이 되는 위험이 구체적인지 추상적인지에 따라 법효과로서의 두 측면인 경찰처분 혹은 경찰명령이 결정되어야 할 것이다. 이 점에서 Rachor가 인적범위의 특정 가능성을 구체적 사정에 대한 개인의 관련성으로부터 도출하여 구체적으로 존재하는 위험에 원인을 제공할 수 있는 모든 자가 수범자의 범위에 포함되고, 위험의 구체성이 수범자 범위의 특정에 대해서 의미를 가질 수 있다고 설명하는 것은 경청할 만하다. Rachor, Das Polizeihandeln, Rn. 63 f. 참조.

47) 양적 요소에 의한 구별에 비판적인 입장으로는 Walker, Abstrakte und konkrete Gefahr, S. 128; Knemeyer 교수는 구체적 위험을 "구체적인, 장소와 시간에 의

4) 개념징표로서의 예측적 요소

위험의 개념요소인 손상발생의 개연성은 구체적 위험과 마찬가지로 추상적 위험에서도 요구되는 것이고[48] 단순한 개연성 혹은 충분한 개연성 등의 기준이 명확하게 설정될 수 있는 것도 아니기 때문에 개연성의 정도와 관련하여 추상적 위험·구제적 위험을 구별할 수는 없다.[49] 그러나 예측의 방식에 있어서는 추상적 위험과 구체적 위험은 서로 구별될 수 있는 모습을 띠고 있다. 추상적 위험은 장래 일정한 사정이 존재하는 경우 그것이 위험을 야기할 것이라고 현재 판단되는 경우로서, 그의 판단에 있어서는 장래 일정한 사정이 존재하는지에 대한 현재의 판단(예측)과 더불어 그러한 일정한 사정의 존재가 (더 먼 장래의) 법익손상 초래의 개연성을 갖는가에 대한 판단이 함께 이루어지는 구조를 갖는다. 즉, 추상적 위험에 있어서는 현재에 행하여지는 미래의 '위험'에 대한 예측인 이른바 '이중예측'(Doppelprognose)이[50] 이루어지며, 이 점은 구체적 위험에 있어 현재에 행하여지는, 미래의 '손상'에 대한 개연성 판단이라는 '단일예측'(Einzelprognose)이 이루어지는 것과 구별된다.

추상적 위험에 있어 이중예측이 이루어진다고 명시적으로 설명하는 경우는 드물지만, 문헌들에서의 추상적 위험의 정의를 살펴보면 이와 같은 관념이 그 바탕에 있음을 알 수 있다. 즉, "구체적 위험의 관념적 가능성" 혹은 "일반적 생활경험 또는 전문지식을 지닌 기관의 인식에 따르면 존재

하여 특정되거나 특정될 수 있는 사정으로부터 발생되는 위험"이라고 표현하고 있는바 논란의 소지가 보다 적은 개념정의로 볼 수 있다. Knemeyer, Polizei— und Ordnugsrecht, Rn. 88.
48) Denninger, Polizeiaufgaben, Rn. 42.
49) Walker, Abstrakte und konkrete Gefahr, S. 110 f. 참조.
50) 이른바 이중예측의 관념에 대해서는 Walker, Abstrakte und konkrete Gefahr, S. 42 참조.

할 수 있는 사정의 발생이 위험을 구성하는 경우",51) "생활현실에서 발견되는 것이 아닌, 일반화 혹은 추상화에 의하여 관념적으로 형성된 일반적이고 추상적으로 묘사된 사정에 근거한 위험",52) "일반적으로 특정한 행위양식 혹은 상태로부터 발생하곤 하는 손상발생의 충분한 개연성",53) "공공의 안녕과 질서의 손상에 대한 충분한 개연성이 일반적으로 고려되는 관념적이고 추상적인 사정"54) 등의 설명은 장래 일정한 사정이 존재한다면 그것이 위험을 야기할 것이라고 현재 판단되는 경우를 추상적 위험으로 이해하는 것으로서, 위험판단에서의 이중예측이 그 개념징표가 됨을 보여주는 것이다.55) 추상적 위험을 그것이 발생하는 경우 (구체적) 위험이 되는, 일반적인 생활경험 혹은 전문적인 기관의 인식에 의하면 있을 수 있는 사정이라고 정의하고 있는 몇 개 주의 입법에서도56) 개념징표로서의 이중예측을 발견할 수 있다.

5) 개념징표로서의 시간적 요소

앞서 위험개념의 설명에서 본 바와 같이 위험성립을 위한 손상발생의 시간적 근접성이 명확하게 설명될 수 있는 것은 아니기 때문에 순전히 시간적 관점에서 추상적 위험·구체적 위험을 구별하기는 어렵다 할 것이다.57) 다만 미래의 위험·현재의 위험이라는 시간적 요소를 예측방식과

---

51) Denninger, Polizeiaufgaben, Rn. 42.
52) Götz, Allgemeines Polizei- und Ordnungsrecht, Rn. 145.
53) BayVerfGH in BayVBl. 1995, 76(80).
54) Knemeyer, Polizei- und Ordnungsrecht, Rn. 91.
55) 이처럼 표준적인 독일문헌의 설명에서는 적어도 추상적 위험의 개념정의와 관련하여서는 이른바 양적 요소가 구별기준의 전면에 나타나고 있지 않다.
56) "eine nach allgemeiner Lebenserfahrung oder den Erkenntnissen fachkundiger Stellen mögliche Sachlage, die im Fall ihres Eintritts eine Gefahr darstellt."(§§ 2 Nr. 2 NdsSOG, 3 Nr. 3 f SOG LSA).
57) Denninger, Polizeiaufgaben, Rn. 42.

연결지어 보면 추상적 위험·구체적 위험의 구별에 있어서 시간적 요소가 기준으로 활용될 수도 있음을 알 수 있다. 즉, 손상을 유발하는 요인이 '현재' 발견되는 경우, 다시 말해서 손상을 일으키는 현존하는 요소가 고려되는 경우 – 현재의 위험 – 에는 구체적 위험이, 손상을 일으키는 요인이 현재 존재하지 않고 '미래에' 존재한다고 사유법칙에 의해서 추론되는 경우 – 미래의 위험 – 에는 추상적 위험이 있게 된다.[58]

이미 발생한 사정으로부터 존재하는 현재의 위험에 대한 처분에 있어서는 구체적 위험이 문제된다. 현재 위험으로서의 구체적 위험 관념은 시간적으로 가장 급박한 형태의 현재의 위험으로 설명되는 장해의 경우에 있어서 뚜렷이 나타난다.[59] 그에 비해서 경찰명령의 발령, 미래 범죄의 예방, 위험사전대비(Gefahrenvorsorge)에서처럼 손상을 일으키는 요인의 장래 존재가 문제되는 경우 그때의 위험은 미래의 위험으로서 추상적 위험이 된다.[60]

6) 추상적 위험과 정보활동

독일과 달리 현재의 우리법 체계에서 경찰이 예방임무를 수행하기 위하여 법규명령으로서의 경찰명령을 발할 수는 없지만, 앞서 살펴본 추상적 위험의 관념에 비춰 보면 경찰관 직무집행법 제2조에 근거한 공공의 안녕과 질서를 유지하기 위한 예방적 경찰 활동은 당연히 추상적 위험의 경우에도 이루어짐을 알 수 있다. 경찰의 정보활동 역시 추상적 위험에 대한 작용으로서 행해질 수 있다. 특히 정보활동은 구체적 위험이 발생하기 전, 보다 앞쪽 단계에서 위험을 예방하거나 사전대비하는 목적으로 행해질 수 있고 또한 그러한 경우에 더욱 그 의미와 효과가 두드러질 수도 있

---

58) Walker, Abstrakte und konkrete Gefahr, S. 133 f., S. 143, S. 218.
59) Götz, Allgemeines Polizei– und Ordnungsrecht, Rn. 632 참조.
60) Walker, Abstrakte und konkrete Gefahr, S. 220 참조.

어 추상적 위험과 밀접하게 관련된다.[61]

3 위험에 대한 의심

1) 위험이 불분명한 상황에서의 정보활동

오늘날 법익 손상에 효과적으로 대처하기 위하여 이른바 '위험 전 단계'(Vorfeld der Gefahr)에서의 국가적 활동이 강조되고 있다. 독일 연방헌법재판소는 위험 전 단계를 "위험이 가까운 장래에 발생한다는 점이 아직 충분한 개연성을 갖고 확인될 수 없는 상황"[62] 혹은 "손상에 이르는 인과진행을 아직 충분한 개연성을 가지고 예상할 수 없는 상황"이라[63] 하고 있다. 이와 같은 위험 전 단계의 활동은 특히 생명·신체의 안전과 같이 중대한 법익에 대한 침해가능성이 문제되거나 법익 침해로 인한 피해가 광대할 경우에 필요한 것으로서, 테러, 환경오염, 원자력 사고, 사람 혹은 가축에 대한 감염 및 전염병[64] 등의 경우가 그러한 예에 해당한다.

위험이 불확실한 상황에서 이에 효과적으로 대응하여야 할 필요성은 분명하지만, 경찰의 활동이 위험발생 이전으로 무한히 확장될 수 있는 것은 아니다. 경찰작용의 확대에 따른 기본권 침해가능성의 증대, 실질적 법치주의와 안전확보 간 불균형 등을 초래할 수 있기 때문이다. 위험이 불확

---

61) 같은 취지의 견해로는 이성용/서정범, 경찰작용법 체계의 합리적 개선방안, 2011, 62면.
62) 2008년(BVerfGE 120, 274(328)) 및 2010년(BVerfGE 125, 260(330))의 판결에서 위험 전 단계를 이와 같이 설명하고 있다.
63) BVerfG Urteil v. 20. 04. 2016 - 1BvR 966/09.
64) 2003년 급성호흡기증후군(SARS), 2015년 중동호흡기증후군(MERS), 2020년 코로나19, 최근 몇 년간 계속 발생하였던 조류인플루엔자(AI)와 같은 예를 생각할 수 있다.

실한 상황에서의 경찰 활동을 설명하고 규율하기 위한 이론적 도구로서 종래 리스크, '위험에 대한 의심'(Gefahrenverdacht: 위험의심)과 같은 관념이 검토되어 왔다. 이 가운데 위험의심은 위험인지 아닌지가 명확하지 않은 경우를 지칭하는 것으로서, 이에 상응한 작용으로 '위험여부의 확인'(Gefahrerforschung)이 우선적으로 검토된다.[65] 위험여부의 확인은 독일에서 주로 1980~90년대 환경법 사례들을 검토하며 정립·발전되어 온 개념으로,[66] 현재 경찰의 정보활동과 밀접하게 관련된 것으로 인식되고 있다.[67] 경찰의 정보활동은 구체적 위험이 확인된 경우에도 이루어질 수 있지만, 위험인지가 불확실한 상황에서 위험의 존재 여부를 확인하고 확인된 위험에 대처하기 위해서도 중요한 수단이기 때문이다.

2) 위험의심의 의의

위험의심은 '기준이 되는 시점에 위험할 수도 그리고 위험하지 않을 수도 있는 불명확한 사정'의 경우에 있게 된다. 위험의심에 있어 위험은 불가능한 것은 아니지만 그렇다고 확실하게 긍정되지도 않는다. 즉, 사실관계의 파악(Diagnose)이나[68] 인과진행의 예측(Prognose)에[69] 있어 불확실

---

65) 이를 '위험존재의 확인'으로 표현하는 문헌으로는 서정범(역), 독일경찰법론, 1998년, 옆번호 61; 이기춘, 경찰질서법상 위험개념 및 표현위험과 위험의 의심(서정범/김연태/이기춘, 경찰법연구, 2009), 137면.
66) 그러한 예로는 VGH Baden – Württemberg, DÖV 1985, 687; Hess. VGH, DÖV 1987, 260; Bay. VGH, DVBl 1986, 942.
67) 이러한 현상을 지적하며, 나아가 동의에 의한 정보수집활동으로서의 위험여부확인조치의 적법성을 검토하는 문헌으로는 Wapler, Alles geklärt? Überlegungen zum polizeirechtlichen Gefahrenerforschungseingriff, DVBl 2012, S. 86; 테러방지를 위한 정보활동과 관련하여 검토하고 있는 문헌으로는 Darnstädt, Karlsruher Gefahr, DVBl 2011, S. 263 ff.; 경찰상 표준조치로서의 정보수집권한에 관한 부분에서 위험의심을 다루는 문헌의 예로는 Gusy, Polizeirecht, Rn. 193 이하.
68) 예컨대 20분 후에 어떤 디스코텍에서 폭탄이 폭발할 것이라는 익명의 전화가

성이 존재하여 법익손상의 개연성에 대한 판단이 어려운 경우에 위험의심의 관념이 인정된다.[70] 결과적으로 위험의심은 '위험에 대한 우려'(Besorgnis einer Gefahr)가 있는 경우이다.[71]

독일에서의 통상적인 설명에 따르면, 위험의심에서는 비록 위험에 대한 우려가 있기는 하지만 사정을 종국적으로 판단하기 위해서는 여전히 파악되지 않는 부분의 충족이 있어야 함을 경찰 혹은 위험방지행정청 스스로 인식하고 있다는 점에 그 특징이 있다고 한다. 즉, 개연성이 충분치 않아 위험이 존재하지 않을 수도 있다는 것을 경찰관이 알고 있는 경우에 위험의심이 있게 된다는 것이다.[72] 이와 같은 설명은 위험의심의 본질을 올바르게 이해한 것으로서 타당하지만, 그러나 다소 부정확한 서술이다. 법률

경찰에게 걸려온 경우 경찰은 자신의 경험에 의하면 90% 이상 실제로는 폭탄이 존재하지 않는다고 생각한다. 그러나 경찰은 폭탄이 존재하는 경우를 염두에 두어야만 한다. 또 다른 예로, 누군가 자신의 집 뒤에서 땅에 다량의 검은 액체를 쏟아 붓는 것을 경찰이 발견하였다. 그것이 폐유와 같은 환경오염물질인지 혹은 단순히 더러운 물인지 경찰이 알지 못하는 경우 경찰은 위험인지의 여부가 불확실한 상황에 직면하게 된다. 이와 같은 사실관계의 확인이 불분명한 상황은 그것이 위험으로 확인되지 않는 동안에는 이른바 위험의심에 해당한다. Götz, Allgemeines Polizei- und Ordnugsrecht, Rn. 154; Gusy, Polizei- und Ordnugsrecht, Rn. 193.

69) 특정 의약품으로 인해 발생할 수 있는 부수적인 유해성이 불분명한 경우를 생각해 볼 수 있을 것이다.

70) Gusy, Polizei- und Ordnugsrecht, Rn. 113; Ibler, Gefahrenverdacht und polizeiliche Generalklausel, in: Jochum/Fritzemeyer/Kau(Hrsg.), Festschrift für Kay Hailbronner, 2013, S. 740; Knemeyer, Polizei- und Ordnungs-recht, Rn. 97; BVerwGE 116, 655 참조; 이와 같이 이해하는 국내 문헌으로는 정하중, 독일경찰법의 체계와 한국 경찰관직무집행법의 개선방향(상), 사법행정(1994. 2), 16면; 이상해, 경찰처분의 실질적 적법성에 관한 일고찰, 경북대 법학연구원 법학논고 제40집(2012. 10), 320면.

71) Petri, Der Gefahrerforschungseingriff, DÖV 1996, S. 444.

72) Ibler, Gefahrenverdacht und polizeiliche Generalklausel, S. 740; Knemeyer, Polizei- und Ordnugsrecht, Rn. 96; Darnstädt, Gefahrenabwehr und Gefahrenvorsorge, S. 94; Petri, Der Gefahrerforschungseingriff, S. 445; Poscher, Der Gefahrenverdacht, NVwZ 2001, S. 141.

이 일정한 위험의심 상황을 특정하여 – 즉, 후술하는 이른바 추상적 위험의심에서 – 이를 대상으로 조치의 발령을 명시하는 경우 이에 근거하여 조치를 취하는 경찰관은 위험이 존재하지 않을 수도 있음을 '알고 있는 경우'가 아닐 수도 있기 때문이다.

위험의심이 '의심'이라는 표현이 사용된다고 하여 경찰관 등의 일정한 의심 '행위'를 말하는 것은 아니며, 위험이 의심되는 '상황'을 뜻한다는 점에 주의하여야 한다. 즉, 위험의심은 '가능할 수 있다는 정도로 보이는 위험상황'(als möglich erscheinende Gefahrenlage)을[73] 의미한다. 이 점에서는 위험의심을 '위험이 의심되는 상황'으로 표현하는 것이 더 정확할 수 있다. 다만 종래 국내 문헌들에서 주로 '위험혐의' 혹은 '위험의 의심'과 같은 번역 용어를 사용해 왔고, 추상적 위험에 대한 의심의 관념이 인정될 수 있음에도 불구하고 '상황'이라는 표현을 덧붙여 위험의심이 구체적 사정과 관련하여 한정되는 것처럼 오인될 수 있다는 점에서 일단 '상황'이라는 표현은 제외하고 위험에 대한 의심 혹은 위험의심이라는 용어를 사용하기로 한다.

한편, 위험의심은 '위험야기에 대한 의심'(Verursachungsverdacht)과는 다른 관념이다. 위험의심에 있어서는 위험한 사정의 존재 자체가 불확실하지만, 위험야기에 대한 의심에 있어서는 위험은 존재하지만 누가 위험을 야기한 자인지가 불분명하며 이에 대한 확인을 필요로 한다.[74]

3) 위험과의 구별 문제

앞에서 검토한 바와 같이, 경찰상 위험이란 어떠한 상태나 행위가 그의 객관적으로 예상될 수 있는 진행이 저지되지 않는다면 경찰상 보호법익을 손상할 개연성이 있는 경우를 말한다. 이와 같이 이해되는 위험은 위험의

73) OVG Magdeburg, Urteil v. 21. 3. 2012-3L 341/11, NVwZ 2012, 720.
74) Knemeyer, Polizei- und Ordnugsrecht, Rn. 334; Petri, Der Gefahrer-forschungseingriff, S. 445 참조.

심과 개연성에 있어서 구별된다고 보는 것이 독일에서의 일반적인 견해이다. 즉, 위험의심과 위험은 '충분한 개연성'이 경계가 되며, 위험의심에 있어서는 손상발생의 개연성이 위험에서보다 더 작다는 것이다.[75] 이러한 독일에서의 구별을 조금 더 보완하여 설명한다면, 위험의심에서의 개연성이 위험보다 작다는 것은 작용이 행해지는 시점까지 일정 정도의 개연성을 갖추고 있는지가 - 사전적 관점에서 - 불분명하여 위험과 같은 정도의 충분한 개연성을 갖지 못한다는 의미이다. 만약 위험에 이르는 정도의 손상발생가능성이 없거나 낮다는 점, 즉 충분한 개연성 없음이 작용시점에서 확인된 경우라면 이는 위험의심이 아닌 위험의 부존재 혹은 리스크에 해당된다.[76]

위험을 법적 보호이익에 대한 손상이 발생한다는 충분한 개연성이 존재하는 상황으로 이해하는 경우, 위험상황은 - 가능한 것이 아닌 - 실제적인 것으로 보여야 한다. 즉, 작용을 행하는 경찰관이 알려진 정보들에 근거해서 법익이 '어쩌면'(möglicherweise) 위험한 것이 아닌가의 정도가 아닌, '실제로'(wirklich) 위험에 처해 있다고 여길 수 있는 상황이 바로 위험에 해당한다. 결국, 특정 사정이 위험상황을 나타내는 것인지 혹은 그렇지 않은 것인지 문제되고 있는 경우는 위험의심이, 문제되지 않고 손상발생의 개연성이 인정되는 경우 위험이 된다.[77]

---

75) Gusy, Polizeirecht, Rn. 194; Knemeyer, Polizei - und Ordnugsrecht, Rn. 96; Sailer, Haftung für Polizeikosten, in: Lisken/Denninger(Hrsg.), Handbuch des Polizeirechts, 4. Aufl., Rn. 52.
76) Darnstädt는 위험 전 단계를 손상에 이르는 인과진행을 아직 충분한 개연성을 가지고 예상할 수 없는 상황으로 파악하는 연방헌법재판소의 판결(BVerfG Urteil v. 20. 04. 2016 - 1BvR 966/09)과 관련하여 인과진행에 대한 부족한 예견은 구체적인 위험발생의 불확실성을 의미한다고 하면서, 이 경우 구체적 위험예측이 이루어지지 못하는 것은 손상발생 개연성의 정도에서가 아니라 개연성있는 손상발생이 구체적으로 충분히 설명될 수 없기 때문이라고 하고 있다. Darnstädt, Ein personenbezogener Gefahrbegriff, DVBl 2017, S. 92.
77) Schoch, Gefahrenabwehr nach der Generalklausel, JuS 1994, S. 669; Wapler, Alles geklärt? Überlegungen zum polizeirechtlichen Gefahren-

이처럼 개연성을 기준으로 위험의심을 위험과 구별하는 것에 대해서는 결과적으로 위험의심은 낮은 개연성 정도의 위험과 다르지 않다고 하거나, 위험의심에서도 위험과 마찬가지로 실제와 관련된 정보 및 그에 터잡은 예측이 문제되어 위험의심이 위험의 하위 개념이 된다고 하여 위험의심 개념이 도그마틱상 과도한 것이라는 비판이 제기되기도 한다. 또한 위험의심 개념에 의해서 본래 허용되지 않던, 법으로부터 자유로운 경찰 활동 영역이 창설될 수 있다는 문제점이 지적되기도 한다.[78]

위험의심과 위험 모두 본질적으로 예측적 판단과 관련하여 형성된 개념이라는 점, 경찰의 임무수행과정에서 위험이 위험의심 혹은 외견상 위험과 결부되어 나타나는 경우가 많다는 점,[79] 충분한 개연성이라는 요소가 반드시 엄격하게 해석되는 것만은 아니라는 점[80] 등에서 보면 이와 같은 비판은 어느 정도 타당한 면이 있다. 그러나 위험의심은 법치국가원리가 구현되는 경찰작용에서 그 요건이 되는 '최소'의 근거와 관련된 개념

---

erforschungseingriff, S. 87, 89 참조.

78) Darnstädt, Gefahrenabwehr und Gefahrenvorsorge S. 96; ders., Karlsruher Gefahr, S. 265; Knemeyer, Polizei- und Ordnugsrecht, Rn. 96 참조; 사전적 관점에서 보유하고 있는 정보와 근거자료에 입각하여 인식될 수 있는 사정과 위험방지법에 특유한 입증정도의 감축에 따라 위험은 존재하든지 아니면 존재하지 않든지 양자택일적으로 결정되므로 위험의심 개념은 일부 위험상황을 묘사하는 표현일 뿐이며 이렇게 막연한 개념으로 얻어지는 것은 전혀 없다고 보고 위험의심이라고 언급되는 많은 사례들은 위험사례가 될 것이라는 설명(이기춘, 경찰질서법상 위험개념 및 표현위험과 위험의 의심, 166면; 또한 Schenke, Polizei- und Ordnungsrecht, Rn. 59 f.) 역시 이와 비슷한 맥락이라 할 수 있다.

79) 위험의 외관이나 의심이 있는 경우를 외견상 위험으로 분류하면서 외견상 위험을 진정한 경찰상 위험으로 파악하는 견해로는 Hoffmann-Riem, "Anscheinsgefahr" und "Anscheinsverursachung" im Polizeirecht, in: Wacke(Hrsg.), Festschrift für Gerhard Wacke zum 70. Geburtstag, 1972, S. 327 ff.; 이기춘, 경찰질서법상 위험개념 및 표현위험과 위험의 의심, 145면.

80) 실제로 독일의 문헌들 가운데에는 손상발생과 동떨어지지 않은 가능성(nicht entfernte Möglichkeit)의 경우에도 위험이 인정될 수 있다고 설명하기도 한다. Götz, Allgemeines Polizei- und Ordnungsrecht, Rn. 142.

으로서[81] 그 유용성을 인정할 수 있다. 우선, 위험의심 개념에 의해 실제 발생되는 사례들의 체계적인 분류와 관련 규정의 해석·적용을 보다 정교하게 할 수 있고, 위험여부확인조치 및 사전대비의 올바른 입법적 규율에 도움이 될 수 있다.[82] 또한 비례원칙에 따라 규율의 적법성 여부를 판단함에 있어서도 위험의심과 위험의 개념적 구별이 의미를 가지며, 손실보상에 있어서도 양자는 차이가 발생할 수 있다.[83] 나아가 위험과의 개념적 구별을 통해 법률에서 위험 상황을 요건으로 정하고 있는 침해적 조치가 위험의심 상황으로까지 과도하게 확장되는 것도 피할 수 있다고 본다.[84]

4) 구체적 혹은 추상적 위험에 대한 의심

위험이 특정의 개별사례와 관련된 경우에 위험은 구체적이다. 그에 비해 일정한 사정에서 일반적으로 충분한 손상발생의 개연성이 인정되는 경우의 위험은 추상적이다. 종래 독일 문헌에서 나타나고 있는 위험의심에 관한 검토는 주로 '구체적 위험'에 대한 의심을 염두에 두고 있는 것으로 보인다.[85] 이 경우의 위험의심은 구체적인 사실관계의 존재를 요하게 된

---

81) Denninger, Polizeiaufgaben, Rn. 50.
82) Petri, Der Gefahrerforschungseingriff, S. 445 참조.
83) 손실보상심의 실무에서 특히 문제되는 경우는 실제로는 법익 손상의 가능성이 존재하지 않았음에도 경찰 조치가 행해지고 이로 인하여 손실이 발생한 경우이다. 경찰관이 자살 등 위험방지를 위해 주거에 출입하는 것과 같이 현장에서 활동함에 있어 위험이 명확히 존재하는 경우도 있지만 손상발생 개연성이 불분명한 경우가 적지 않다. 이와 같은 상황에서 위험의심의 관념이 보상 여부의 결정에 있어 중요한 의미를 갖는다. 이에 대한 상세한 검토는 김성태, 경찰작용에서의 손실보상, 465면 이하 참조.
84) 그러한 예로는 후술하는 맹견법규명령의 사례(BVerwG, Urteil v. 20. 08. 2003 – 6 CN 4/02) 참조.
85) 예컨대 Gusy, Polizeirecht, Rn. 113; Götz, Allgemeines Polizei– und Ordnungsrecht, Rn. 154; Knemeyer, Polizei– und Ordnungsrecht, Rn. 98에서의 각 위험의심에 대한 설명 참조; 구체적 사실의 존재를 요한다고 명시하고 있는 문헌으로는 Petri, Der Gefahrerforschungseingriff, S. 446.

다. 즉, 경찰 및 질서행정청이 합리적인 평가와 충분한 사실 규명의 기준을 적용하면 그것이 주어지는 시점에 위험을 구성하는, 어떠한 상황 존재에 대한 근거가 있어야 한다.[86] 예컨대 독일 연방토양보호법(Bundes-Bodenschutzgesetz: BBodSchG) 제9조 제2항에서의 위험여부확인은 구체적 근거에 따른 위험의심을 그 요건으로 하고 있는바, 이와 같은 규정에서 구체적 위험에 대한 의심을 파악할 수 있다.[87]

그러나 구체적 위험에 대한 의심 이외에 '추상적 위험'에 대한 의심도 인정될 수 있다고 본다. 즉, 구체적 위험에 대한 의심이 구체적인 행위나 특정 위험인물과 같은 개별사례에서의 위험의심임에 비하여 추상적 위험에 대한 의심에서는 이와 같은 개별사례의 존재를 요하지 않는다. 단지 일반화 혹은 추상화에 의하여 관념적으로 형성된, 일반적이고 추상적으로 묘사된 사정에서의 위험에 대한 의심이면 족하다. 예컨대 실제가 아닌 관념적인 대규모 축구경기를 상정하고 그와 같은 경기가 있다면 팬들 간 싸움이 발생할 수도 있지 않을까 하는 추측이 이에 해당한다. 이러한 상황을 추상적 위험으로 보아야 하는 것은 아닌가 의문이 제기될 수도 있지만 추상적 위험은 단순한 가능성 이상의 것이어야 한다. 앞에서 위험의심과 위험을 구별하면서 설명한, 가능한 위험과 실제적 위험이라는 차이에 따라 추상적 위험에 대한 의심과 추상적 위험 역시 구별될 수 있는 것이다.

추상적 위험에 있어서도 충분한 개연성의 징표는 요구되며,[88] 이는

---

86) Götz, Allgemeines Polizei- und Ordnungsrecht, Rn. 154.
87) § 9 II Satz 1 BBodSchG: Besteht auf Grund konkreter Anhaltspunkte der hinreichende Verdacht einer schädlichen Bodenveränderung oder einer Altlast, kann die zuständige Behörde anordnen, daß die in § 4 Abs. 3, 5 und 6 genannten Personen die notwendigen Untersuchungen zur Gefährdungsabschätzung durchzuführen haben.(밑줄 저자)
88) 앞에서 검토한 바와 같이 이 점에서는 추상적 위험과 구체적 위험은 다르지 않다. Walker, Abstrakte und konkrete Gefahr, S. 110 ff.; Petri, Der Gefahrerforschungseingriff, S. 445; BVerwG, Urteil v. 20. 08. 2003 - 6 CN 4/02; Rachor, Das Polizeihandeln, Rn. 78 참조.

알려진 일정 사정이 확실히 손상을 야기하는 것은 아니지만 적어도 탄탄하고 납득할 수 있는 예상에 따라 실제적인 위협이 될 수 있는 정도의 것이어야 한다. 그에 비해 추상적 위험에 대한 의심은 위협적인 상황은 아니며, 단지 그러한 상황에 대한 추측(Mutmaßung)의 경우일 뿐이다.[89] 이와 같은 추상적 위험에 대한 의심과 추상적 위험의 구별은 독일 연방행정재판소의 이른바 '맹견법규명령에 관한 결정'에서도[90] 그 예를 발견할 수 있다. 법률에 의한 법규명령의 수권 범위가 문제되었던 이 결정의 사실관계를 보면, 브란덴부르크주 내무부는 개의 사육과 통제에 관한 법규명령을 발령하였다. 맹견법규명령이라 불리는 이 명령 제8조 제1항에서는 종별(種別) 특징을 근거로 위협적 속성(gefährdende Eigenschaft)이 인정될 수 있는 개들이 언급되었고, 제2항에서는 잠재적으로 위험한 개 종류의 목록을 두고 있다. 이 법규명령은 브란덴부르크주 질서행정청법(Ordnungsbehördengesetz: OBG) 제25조를 법률상 근거로 하였는바, 동조는 공공의 안녕과 질서에 대한 위험의 방지를 위한 질서 행정청의 법규명령 발령을 수권하고 있다.[91] 이 사안에서 연방행정법원은 이 법규명령에서의 개 종류 목록이 근거법률에 합치하지 않는다고 판단하였고, 대략 다음과 같은 논거를 제시하고 있다.

법규명령에 대한 수권규정에서의 위험개념은 추상적 위험으로 정의될 수 있다. 즉, 여기에서의 위험은 일정한 생활사정이 경험법칙에 따르면 일반적으로 충분한 개연성을 가지고 공공의 안녕과 질서에 대한 위험과 연

---

89) Wapler, Alles geklärt? Überlegungen zum polizeirechtlichen Gefahren-erforschungseingriff, S. 88~89; 같은 견해로는 Ibler, Gefahrenverdacht und polizeiliche Generalklausel, S. 745.
90) BVerwG, Urteil v. 20. 08. 2003 – 6 CN 4/02.
91) § 25 I OBG BB: Das für Inneres zuständige Mitglied der Landesregierung und im Benehmen mit ihm die zuständigen Minister können innerhalb ihres Geschäftsbereichs ordnungsbehördliche Verordnungen zur Abwehr von Gefahren für die öffentliche Sicherheit oder Ordnung erlassen.(밑줄 저자)

결되는 상황을 의미한다. 이와 같은 정의로써 불확정개념인 동조의 위험이 충분히 정확히 표현되고, 확대해석은 헌법상의 특정성원칙에 반한다. 위협의 잠재성을 가진 개의 종에 속한다는 것만으로는 추상적 위험에 해당하는 것이 아니라 단지 위험에 대한 의심만이 인정될 수 있다. 당시의 인식 수준에 따르면 특정의 원인관련성이 긍정도 부정도 할 수 없는 것이어서 제외시킬 수 없는 손상가능성은 추상적 위험을 구성하는 것이 아니라 단지 위험에 대한 의심 혹은 '우려의 가능성'(Besorgnispotenzial)에 해당할 뿐이다. 단순한 위험에 대한 의심만으로 예컨대 종 목록에 있는 개의 사육을 허가받게 하거나 혹은 이른바 제외감정서에 의하도록 하는 것과 같은 위험방지를 위한 자유제한 조치를 (위험에 대한 수권법률조항에 근거하여 법규명령에) 규정하는 것은 정당하지 않다.[92]

5) 리스크, 외견상 위험과의 구별

(1) 리스크와의 구별

위험과 리스크(Risiko)를 구분하지 않고 사용하기도 하지만, 경찰법학에서는 위험과 리스크를 달리 이해하는 것이 일반적이다. 리스크의 경우 그 의미가 반드시 통일적인 것은 아니지만 대개 아직 위험에 이르지 않은 혹은 정확히 측정되기 어려운 손상발생의 가능성 정도로 파악할 수 있다.[93]

---

92) BVerwG, Urteil v. 20. 08. 2003 - 6 CN 4/02; Wapler, Alles geklärt? Überlegungen zum polizeirechtlichen Gefahrenerforschungseingriff, S. 89.
93) Di Fabio, Gefahr, Vorsorge, Risiko, Jura 1996, S. 566; Neumann, Vorsorge und Verhältnismäßigkeit, S. 88 참조; 경찰법상 위험과 리스크의 관계에 대해서는 이성용/서정범, 경찰작용법 체계의 합리적 개선방안, 40면 이하; 공법에서 리스크 개념이 갖는 의미에 대해서는 김중권(역), 공법상의 리스크 조종 (Di Fabio, Risikosteuerung im öffentlichen Recht-zwischen hoheitlicher Überwachung und regulierter Freiwilligkeit), 중앙법학 제6집 제3호(2004. 10), 457면 이하 참조.

주지하다시피 이 개념은 주로 환경법, 원자력법, 기타 이른바 '안전법' 영역에서 주로 사용된다. 리스크 개념은 위험이 불확실하더라도 손상되는 법익이 중대하거나, 실제 피해(손상)가 발생하면 피해에 대한 통제 가능성이 낮은 경우에 이들 피해를 사전에 예방하고 대비하는 작용을 설명할 때 주로 원용된다.

손상발생의 가능성이 정확히 측정되기 어려워 위험이 불확실하다는 특징에 착안해서 리스크를 이해하고 그럼에도 사전대비가 필요한 경우 리스크는 결과적으로 위험의심과 비슷하게 된다. 그러나 작용 시점에 위험에 이르지 않는 정도의 손상발생의 경미한 가능성으로 판단되는 경우를 지칭하는 리스크는 작용시점에서 여전히 손상발생의 개연성 여부가 불분명한 위험의심과는 개념적으로 구별된다. 이 경우의 리스크사전대비(Risikovorsorge)는 위험이 성립되기 위한 손상발생의 개연성을 밑도는 것으로 예측되는 단계, 즉 구체적이든 추상적이든, 위험에 이르지 않은 것에 대한 작용이다. 다만 리스크와 위험의심 두 관념은 위험 앞쪽 단계에서 사전대비 혹은 예방조치를 행함에 있어 엄격하게 구별되지 않고 혼용되기도 한다.

(2) 외견상 위험과의 구별

외견상 위험(Anscheinsgefahr)은 평균적 의미의 경찰관이 개입시점에서 합리적으로 판단하여 위험의 존재를 확신할 수 있지만 실제로는 위험이 없었던 경우를 뜻한다. 외견상 위험이 인정되기 위해서는 순수하게 주관적인 예측이 아닌, 경험칙에 기한 위험요건판단의 근거가 요구된다. 외견상 위험은 경찰관이 회피불가능한 동기의 착오에 기하여 위험을 인정하는 경우라는 점에서 구체적 사안에서 위험의 존재가 불확실함을 경찰관 스스로 알고 있는 위험의심과 차이가 있다. 즉, 외견상 위험에 있어서 경찰관은 개연성이 있다고 판단하여 위험의 존재에 대해서 의심하지 않지만, 위험의심에서는 경찰관은 위험이 가능하더라도 확실치 않다고 보아 손상발

생의 개연성이 상대적으로 낮다고 주관적으로 확신하고 있다.[94]

외견상 위험의 관념이 문제되는 경우는 개별사례에서의 위험판단 및 작용에서이고 이 점에서 외견상 위험은 구체적 위험과 관련된다. 따라서 구체적 위험뿐만 아니라 추상적 위험에 대한 의심의 관념을 인정하는 입장에서는 외견상 위험과 위험의심은 문제되는 위험의 종류에서도 차이가 있게 된다. 외견상 위험은 작용 시점에서의 경찰관에게는 위험과 동일한 것이기 때문에 위험방지작용을 행하게 된다. 그에 비해 위험의심에서는 위험여부의 확인 작용이 우선적으로 고려된다.

이와 같이 외견상 위험과 위험의심은 서로 다른 개념이고 작용 내용에서도 차이가 있지만, 실제 사례에 있어 양자가 반드시 명확하게 구별되는 것은 아니다. 한쪽에서 외견상 위험으로 파악하고 있는 상황을 다른 쪽에서는 위험에 대한 의심으로 파악하기도 한다.[95]

---

94) Denninger, Polizeiaufgaben, Rn. 48; Knemeyer, Polizei－ und Ordnugsrecht, Rn. 96; Poscher, Der Gefahrenverdacht, S. 141; Schenke, Polizei－ und Ordnugsrecht, Rn. 59 참조.
95) 독일에서의 한 사례를 예로 들면, "노동자의 죽음과 관련하여 폭력행위 및 경찰과의 충돌이 있었고, 그 후로도 계속적인 폭력행위가 예상되고 있다. 경찰은 경찰서 앞에 머문 일단의 젊은 사람들을 경찰 투입을 정탐하려는 자들로 여겼다. 경찰은 정탐행위를 막기 위해 이들을 얼마간 유치하였다. 추후 경찰의 조사와 행정소송절차에서 이들이 체포되어 있던 사람들을 만나고 법적 조력을 하려는 것 외에 다른 행위를 한다는 근거를 얻지 못하였다." 뮌스터 고등행정법원은 이 상황을 외견상 위험으로 보았고, 외견상 위험이 경찰의 유치행위를 정당화할 수 있다고 판시하였다(OVG Münster, DVBl 1979, 733). 그러나 이 사례에 대해서 경찰은 경찰서 앞에 서 있던 사람들이 정찰을 하려 한다는 것에 대한 의심만을 가졌을 뿐이어서 실제로는 위험에 대한 의심만이 존재한다고 해석하는 견해(Götz, Allgemeines Polizei－ und Ordnungsrecht, Rn. 167)가 있으며, 이와 같은 해석 역시 가능하다고 본다.

6) 위험여부의 확인

위험의 존재 여부가 불분명한 위험의심의 경우 우선 위험의 존재 여부를 확인하기 위한 작용이 요구된다. 즉, 위험이 의심되는 상태에서의 전형적인 작용 모습으로 위험여부의 확인을 떠올릴 수 있다.[96] 위험여부의 확인은[97] (확인된) 위험을 요건으로 교란자에 대하여 행하는 위험 방지조치의 '전치'로서 자리한다.

위험여부확인으로서 어떠한 작용을 할 수 있는가는 기본적으로 비례원칙에 따라 정해지는바,[98] 법익손상의 발생을 막기 위해 필요하다고 여겨지는 범주 내에서 행하는, 문제가 되는 현장의 확인, 의심되는 물건의 조사와 같은 것이 이러한 예에 해당한다.[99]

---

96) 위험여부의 확인이 위험의심에 대응한 전형적인 작용으로 설명되지만 그렇다고 하여 확인이나 조사를 넘어서는 다른 작용이 전혀 고려되지 않는다는 의미는 아니다. 위험의심으로 인하여 사실관계의 규명을 위한 수단이 우선적으로 행해지지만, 파악된 사건의 진행을 임시적이며 사전대비적으로 중단시키는 조치를 취하는 것도 인정될 수 있다. 여전히 의심이 있고 생명·신체의 안전 등과 같은 중대한 법익이 위태로워질 우려가 있는 경우에는 더 나아가 종국적인 위험방지조치(예컨대 의심가는 물건의 폐기, 의심가는 식품의 판매금지)가 검토될 수도 있다. Denninger, Polizeiaufgaben, Rn. 48; Knemeyer, Polizei – und Ordnugsrecht, Rn. 97; 이기춘, 경찰법상 공공의 질서 개념의 재설정에 관한 연구, 149면; BVerwGE 39, 190(196) 참조.

97) 독일에서의 위험여부의 확인 용어(Gefahrerforschung)는 이미 그 존재가 확인된 위험에서의 진상규명(Sachverhaltsaufklärung)을 포함하는 의미로 사용되기도 한다(Gefahrerforschung 개념의 이중적 기능). 즉, 존재하는 위험에서의 일시적 혹은 계속적인 진상규명을 의미하기도 하는바, 이미 인식된 위험이나 위험야기자에 관한 보다 상세한 사정의 조사와 같은 것이 이에 해당한다. 이는 위험을 방지하는 작용의 한 부분을 구성한다. 이 경우의 침해적 조치는 일반수권조항을 그 근거로 원용함에 이론적 어려움이 없다. Wapler, Alles geklärt? Überlegungen zum polizeirechtlichen Gefahrenerforschungseingriff, S. 88 참조.

98) Knemeyer, Polizei – und Ordnugsrecht, Rn. 97; Sailer, Haftung für Polizeikosten, Rn. 52.

99) Gusy, Polizei – und Ordnugsrecht, Rn. 196 참조.

위험의심 상황에서 행해지는 위험여부의 확인은 위험에 이르지 않은 단계, 보다 정확하게는 위험임이 아직 확인되지 않은 단계에서의 작용으로서 위험이 존재하는 경우를 사전에 대비하는 성격도 갖는다. 위험여부의 확인은 위험의 존재를 증명하는 데에 그치는 것이 아니라 최종적으로는 위험의 효과적인 방지 및 제거를 위한 것이기 때문이다.[100]

위험여부의 확인이 사전대비의 성격도 갖는다는 점에서는 위험사전대비와 공통적이다. 다만, 위험사전대비의 활동은 위험이 발생하는 경우 신속하고 효과적인 방지작용이 행해질 수 있도록 하거나 전문가 등의 조력이 가능케 하기 위한 구체적 위험 앞쪽 단계에서의 활동으로서,[101] 위험 존재에 대한 구체적 근거를 요구하는 것은 아니며 주로 추상적 위험에 대한 활동으로 이해된다. 이와 같은 위험사전대비의 모습은 독일의 보충초안 제1조 제1항 임무규범에서도 파악할 수 있다. 그에 비해 위험의심에서의 위험여부확인은 손상발생의 개연성이 불분명한 경우에 이루어지는 것으로서 종래 주로 구체적 위험에 대한 의심에 착안하여 이의 대응과 관련하여 검토되어 왔다. 그러나 앞서 소개한 독일 판례에서와 같이 추상적 위험의심의 관념도 인정될 수 있기 때문에 위험여부의 확인 역시 이러한 추상적 위험의심에 대해서도 이루어질 수 있다.

위험의심을 위험과 구별하는 경우 위험여부의 확인은 그 법적 근거에 있어 난점을 갖기도 한다. 법문에서 위험만을 명시하거나 혹은 위험으로만 해석되는 경우에 과연 위험의심상황에서의 위험여부확인이 허용될 수 있는가의 문제가 그것이다. 특히 위험여부의 확인이 침해적 조치로서 이루어지는 경우 법률적 근거가 논란이 되어 왔고, 종래 독일에서는 경찰법상 일반수권조항에 의하여 위험여부확인조치를 행할 수 있는 것으로 설명하는 것이 일반적이었다.[102] 경찰법이나 경찰관 직무집행법의 경우 독일

---

100) Losch, Zur Dogmatik der Gefahrenerforschungsmaßnahme, DVBl 1994, S. 781.
101) Petri, Der Gefahrerforschungseingriff, S. 445 참조.

에서와는 달리 공공의 안녕과 질서에 대한 위험의 방지로 명시하지 않고, 공공의 안녕과 질서라는 보호법익의 온전한 상태를 '유지'하는 것으로 경찰의 임무를 정하고 있어 위험의심에서의 활동을 경찰작용 영역에 포함시키는 해석이 좀 더 용이하다고 본다.

7) 경찰 및 질서행정법에서의 위험의심 관련 규정의 예

경찰 및 질서행정법으로 분류될 수 있는 법률들을 살펴보면, 위험의심의 경우를 규정한 것으로 볼 수 있는 예들을 발견할 수 있다. 아래에서는 경찰관 직무집행법과 국민보호와 공공안전을 위한 테러방지법(이하 '테러방지법'이라 한다)에 나타나고 있는 위험의심 관련 규정의 예를 소개한다.[103]

(1) 경찰관 직무집행법

경찰관 직무집행법은 제3조에서 경찰관은 수상한 행동이나 그 밖의 주위 사정을 합리적으로 판단하여 볼 때 어떠한 죄를 범하려 하고 있다고 의심할 만한 상당한 이유가 있는 사람을 정지시켜 질문할 수 있다고 규정하고 있다. 이 조항에서는 구체적 위험에서의 정지 및 질문도 가능하다는 점이 당연히 인정되지만, 구체적 위험이 아닌 위험의심 단계에서의 위험여부확인조치를 규정한 것으로 파악함에 무리가 없다.[104]

---

102) 비교적 최근에 인정되고 있는 추상적 위험의심에서 침해성을 갖는 위험여부확인조치는 구체적 위험의 존재를 요건으로 하는 경찰법상 일반수권조항을 근거로 행해질 수는 없다. 위험의심에서의 위험여부확인 등 침해적 조치의 법적 근거에 관한 상세한 검토와 비판은 김성태, 위험에 대한 의심과 위험여부의 확인, 행정법연구 제51호(2017. 12), 172면 이하 참조.
103) 이 외에 식품위생법 제15조 제1항 및 제86조, 감염병예방법 제49조 제1항 제14호 등에 대한 설명은 김성태, 위험에 대한 의심과 위험여부의 확인, 169면 이하 참조.
104) 독일의 경우 잠재적으로 위험한 장소에서의 신원확인 허용이(모범초안 제9조)

제7조 제2항에서 "흥행장(興行場), 여관, 음식점, 역, 그 밖에 많은 사람이 출입하는 장소의 관리자나 그에 준하는 관계인은 경찰관이 범죄나 사람의 생명·신체·재산에 대한 위해를 예방하기 위하여 해당 장소의 영업시간이나 해당 장소가 일반인에게 공개된 시간에 그 장소에 출입하겠다고 요구하면 정당한 이유 없이 그 요구를 거절할 수 없다."고 규정한 것은 사람이 많이 모여 위험이 발생할 수 있는 전형적인 일정한 장소를 상정하고 그와 같은 일정한 장소가 있다면 그 장소에서 위험이 발생할 수도 있지 않을까 하는 우려에 따라 관리자 등에게 의무를 부과한 것으로서, 추상적 위험에 대한 의심 및 그에 대한 입법적 규율의 경우로 파악할 수 있다. 다만, 장소 출입권한을 행사하는 경찰관 측면에서 본다면, 경찰관이 이러한 장소에 실제 출입을 할 때에는 사고신고와 같은 특별한 사정이 없는 한 통상적으로는 위험여부가 불분명하다고 생각하기보다는 손상발생의 개연성이 낮은 상태로 인식하고 출입한다는 점에서 이른바 '일반적으로 존재하는 위험'(allgemein bestehende Gefahr)과 관련된 것으로 설명될 수도 있다.[105]

제10조의4에서는 사형·무기 또는 장기 3년 이상의 징역이나 금고에 해당하는 죄를 범하는 것으로 의심할 만한 충분한 이유가 있는 사람이 경찰관의 직무집행에 항거하거나 도주하려고 할 때 사람에게 위해를 끼치는

위험의심 상황에서의 위험여부확인조치의 예로 해석되기도 한다. Götz, Allgemeines Polizei- und Ordnungsrecht, Rn. 159.

105) 일반적으로 존재하는 위험은 특정 생활상의 사정에서 경찰상 보호법익에 대한 위협이 예상될 수 있는 경우에 문제되고 그 성립에 있어 손상발생의 단순한 가능성(bloße Möglichkeit)으로 족하지만, 이때의 가능성은 이론적으로 가능한 손상발생에 대하여 현실적으로 생각할 수 있는 단계 - 즉 사유가능한 사건진행(denkbarer Geschehensablauf)의 존재 - 이상일 것을 요한다고 한다. 일반적으로 존재하는 위험의 개념과 비판적 검토에 대해서는 김성태, 예방적 경찰작용에서의 추상적 위험·구체적 위험, 269면 이하; 또한 Knemeyer, Polizei- und Ordnugsrecht, Rn. 89 참조; 제7조 제2항에 관한 보다 상세한 설명은 김성태, 위험 방지를 위한 출입, 홍익법학 제20권 제4호(2019. 12), 334면 이하 참조.

무기의 사용이 가능한 것으로 정하고 있다. 이 조항은 의심이라는 용어를 사용하고 있기는 하지만 다른 요건과 결합하여 무기의 사용을 허용하는 모습을 취하고 있다. 요건 가운데 항거는 그 자체 적법한 공무집행에 대한 방해 행위에 해당하여 법질서 위반으로서의 위험을 구성하거나 경찰관의 생명, 신체의 안전에 대한 위험이 될 수도 있다. 도주의 상황에서는 무기의 사용이 갖는 높은 침해의 강도 때문에 비례원칙상 위험의심 정도로는 허용되기 어렵다. 또한 '의심할 만한 충분한 이유가 있는'을 위험의심 정도가 아닌 위험과 같은 의미로 해석해야 할 수도 있다. 이와 같은 점들을 고려하면 이 조항을 위험의심에서의 위험방지조치를 위한 규정 예로 파악할 수는 없다고 본다.

(2) 테러방지법

테러방지법의 경우 제9조는 국가정보원장이 테러위험인물에 대하여 출입국·금융거래 및 통신이용 등 관련 정보를 수집할 수 있고(제1항), 테러위험인물에 대한 개인정보와 위치정보를 「개인정보 보호법」 제2조의 개인정보처리자와 「위치정보의 보호 및 이용 등에 관한 법률」 제5조의 위치정보사업자에게 요구할 수 있는 것으로 정하고 있다. 동법에서의 테러위험인물은 "테러단체의 조직원이거나 테러단체 선전, 테러자금 모금·기부, 그 밖에 테러 예비·음모·선전·선동을 하였거나 하였다고 의심할 상당한 이유가 있는 사람"(제2조 제3호)으로 정의되어 있어 제9조는 테러에 대한 위험의심 상태에서의 위험여부확인 등 조치로서 정보활동을 규정한 것으로 볼 수 있다. 테러위험인물의 정의를 보면 테러위험이 뚜렷하지 않은 단순한 테러위험의 가능성 정도에서도 조치를 허용하는 것으로 파악될 수 있기 때문이다. 또한 이렇게 해석하는 것이 테러의 — 급박한 상황에서의 방지나 제압만이 아닌 — 예방 및 대응 활동 등에 필요한 사항을 규율하기 위한 테러방지법의 입법목적에 합치한다. 다만, 이 조항에 따른 정보활동은 개인정보자기결정권에 대한 침해의 강도가 매우 큰 것으로서 정보수집의 요건, 대상, 내용 등이 상세히 규정되어 있지 않아 규범명확성(Nor-menklarheit)원칙을 충족하는지, 실제 이루어지는 정보수집 방식이 비례원칙에106) 합치할 수 있는 것인지에 대한 의구심을 갖게 한다.107)

제2조의 테러위험인물의 정의는 독특한 모습을 보이고 있다. 일정한 행위가 행해지고 그 행위로 인한 법익 손상의 개연성이 있는 경우가 아닌, 이미 일정한 행위를 하였다는 것으로부터 곧바로 위험을 고려하고 있기 때문이다. 동조에서 보이는 것처럼 구체적 행위 및 그에 따른 손상발생의 개연성이 아닌, 테러위험인물이라고 하는 개인의 '성향'(Disposition)이 강조되어 작용이 이루어지는 것과 관련하여 최근 독일의 일부 견해는 '개인관련위험'(personenbezogene Gefahr)의 개념을 제시하기도 한다. 이는 테러위험 전 단계에서 안전행정청의 조치가 개인정보의 수집에 초점이 맞추어지게 되는 상황에서 행위자가 아닌 행위와 관련된 고전적인 위험 관념은 적당치 않으며, 테러 기도가 추정되지만 계획된 행위 자체는 불분명한, 수많은 테러 우려의 경우들에 적합하도록 위험 관념이 수정되어야 한다는 점을 근거로 하고 있다.108)

한편, 외국인테러전투원으로 출국하려 한다고 의심할 만한 상당한 이유가 있는 내국인·외국인에 대하여 관계기관의 장이 일시 출국금지를 법무부장관에게 요청할 수 있도록 한 조항(동법 제13조 제1항)은 위험의심에서

---

106) 개인정보수집의 적법성 확보를 위한 일반원칙으로서의 규범명확성원칙 및 비례원칙에 대해서는 김성태, 개인관련정보에 대한 경찰작용, 102면 이하 참조.
107) 우리와 다르게 매우 상세한 테러방지 규정을 마련한 독일 연방수사청법(BKAG)의 개인정보 관련 침해적 조치의 수권규정 일부에 대해서 독일연방헌법재판소는 규범명확성, 비례원칙, 목적구속원칙 등에 따라 헌법에 합치하지 않는다고 판시하고 있다(BVerfG Urteil v. 20. 04. 2016 - 1BvR 966/09). 이 판결에 대한 개관은 이상학, 테러방지 수권규정과 기본권침해의 한계, 공법학연구 제17권 제3호(2016. 8), 109면 이하 참조.
108) 이와 같은 시도로는 Darnstädt, Ein personenbezogener Gefahrbegriff, S. 93 f.

위험여부확인을 넘어서는 임시적 조치를 수권한 것이다.

8) 정리

위험의심이나 위험여부확인이 꽤 오래전부터 논의되었음에도 불구하고 경찰 실무에서 실제로 발생하는 불확실한 위험상황을 설명하며 적법하고 효과적으로 대처하기 위한 도구로서 그 개념이나 효용, 법적 규율 등이 완전하게 해명되었다고 보기는 어렵다. 수많은 논의가 이루어졌던 독일에서도 여전히 논란이 있고, 비교적 간단한 정도의 고찰에 그치고 있는 우리의 경우에는 더욱 그러하다. 그러나 위험이 명확하지 않은 경우에 이루어져야 하는 정보활동의 현실을 고려한다면 앞에서 검토한 위험의심 및 위험여부확인 개념의 유용성을 어느 정도 인정할 수 있다고 본다. 현행 임무규범에 따른 정보활동의 범위를 해석함에 있어서 그리고 추후 입법적 개선의 경우에도 이와 같은 개념이 활용될 수 있다.

제6장

정보활동
임무규범의
개선 방안

정보활동 임무규범의
개선 방안

1 입법 방향

경찰관 직무집행법은 제2조에서 명시적으로 위험방지라는 용어를 사용하고 있지는 않지만, 공공의 안녕과 질서 유지와 함께 국민의 생명·신체 및 재산의 보호, 범죄의 예방, 경비, 주요 인사 경호, 교통 위해의 방지와 같은 경찰관의 직무를 규정함으로써 법익에 대한 손상을 방지하는 전형적인 위험방지 임무들을 열거하고 있다. 이에 따라 공공의 안녕, 공공의 질서에 대한 위험방지가 경찰의 임무가 됨은 분명하다. 이러한 임무의 해석을 위한 법적 개념과 이론, 임무 수행에서의 현실적 필요, 그리고 앞서 검토한 독일 등 외국 경찰법제들의 내용 및 실무에 비추어 보면 위험방지 임무수행을 위해 요구되는 정보활동 역시 명문의 규정 유무와 상관없이 경찰의 임무가 된다. 범죄수사를 위한 정보활동 또한 범죄의 수사를 규정한 제2조에 의해 경찰의 임무 범위 내에 있게 된다.

경찰의 정보활동을 임무규범에서 정하는 경우 그 내용과 종류를 법률에서 일일이 규정하는 것은 입법기술적으로 쉽지 않을 뿐만 아니라 꼭 바람직한 것도 아니다. 무수히 많은 상황에서 다양한 형태로 이루어지는 경찰의 정보활동을 제대로 포함하기 위해서는 어느 정도 포괄적이고 추상적으로 임무를 지정할 수밖에 없다. 현재의 치안정보의 수집·작성 및 배포 규정을 새로운 정보활동 임무규범으로 대체하는 경우에도 역시 포괄적·추상적으로 임무를 지정하게 된다.

현행 규정을 변경한다면 우선 현재 경찰관 직무집행법상 경찰의 임무로 되어 있는 위험방지작용의 수행에 필요한 정보활동이 모두 포함될 수 있도록 하여야 한다. 정보활동은 기본적으로 경찰의 '본질적' 임무인 위험방지의 수행을 위하여 인정되는 것이기 때문이다. 다만 진압임무로서의 범죄 수사를 위한 정보활동과 관련하여서는 이와 같은 요청은 그리 강하지 않다. '범죄혐의의 유무를 명백히 하여 공소 제기 및 유지 여부를 결정하기 위하여 범인을 발견, 확보하고 증거를 수집, 보전하는 활동'인 수사는 범죄사실의 탐지, 범인발견, 조사, 증거수집 등 이미 그 자체 정보활동을 포함하는 임무이기 때문이다.

정보활동 임무지정은 고양된 기본권 보호의 요청, 증대된 안전에 대한 요구 등 변화된 현대 사회에서 법치주의의 실현과 안전의 확보가 조화를 이룰 수 있는 것이어야 한다. 이를 위해서는 전통적인 구체적 위험의 방지만이 아닌, 위험 앞쪽 단계에서의 정보활동도 가능하도록 하여야 한다. 손상되는 법익이 생명, 신체와 같이 중대한 것이거나 다수의 국민에게 광범위하게 법익 손상을 초래할 가능성이 있는 경우 그와 같은 요구가 더욱 두드러진다. 앞서 검토한 독일 등 외국 경찰법제들에서도 이러한 구체적 위험 앞쪽 단계에서의 정보활동을 확인할 수 있다.

나아가 정보활동 임무규범에 의하여 경찰은 개인정보를 대상으로 하지 않는 비권리침해적(nicht-eingreifend) 방식의 정보활동을 별도의 권한규범 없이 행할 수 있기 때문에(임무규범의 적법화 기능: legalisierende Funktion),[1] 입법 시 자칫 과도하거나 불필요한 정보활동으로 다른 국가기관과의 마찰을 가져오지 않도록 하여야 하며,[2] 특히 정치적 오·남용이 발생하지 않도록 주의를 기울여야 한다.[3]

새로운 입법 시 위와 같은 점들이 충분히 고려되어야 하며, 전술한 공공의 안녕, 공공의 질서, 위험, 추상적 위험·구체적 위험, 위험의심 등의 개념이 올바른 규정 정립과 그 해석에 활용될 수 있다. 이에 더하여 정보활동을 행하는 목적 혹은 작용 형태로서의 위험예방, 위험방지의 준비, 위험사전대비 관념에 대한 정확한 이해 역시 필요하다.

2 위험예방, 위험방지의 준비 및 위험사전대비

1) 위험예방

위험예방은 위험이 발생하지 않도록 하기 위한 활동을 뜻한다. 예방의 사전적 의미는 "무슨 일이나 탈이 일어나기 전에 미리 막는 것"이다.[4] 우리가 흔히 '화재를 예방한다.', '전염병을 예방한다.' 하는 것은 화재나 전염병이 발생하기 전에 미리 막는 것을 말한다. 행정에 있어 예방은 시간적으로 보다 앞선 위치에서의 행정 활동을 의미한다. 경찰작용에 있어서의 예방(Verhütung)은 손상을 입히는 사건 또는 범죄가 발생하지 않도록 하거나

---

1) Gusy, Polizeirecht, Rn. 186.
2) 경찰에 의한 위험방지 임무의 수행은 다른 행정기관의 위험방지가 불가능하거나 적시에 행해질 수 없는 경우에 한정된다는 보충성원리도 고려해볼 수 있다. 독일 경찰법에서의 보충성원리에 대해서는 제4장 주10) 참조.
3) 이러한 점에서 정보수집 활동의 구체적 실행 방법과 수집된 정보의 관리체계에 대한 경찰개혁위원회 권고안은 경청할 만하다. 그 내용과 평가에 대해서는 오병두, 정보경찰 개혁방안, 281면 이하 참조.
4) 한컴사전(민중국어사전)에서의 정의임.

혹은 단지 위험조차도 발생하지 않게 하기 위한 활동을 말한다.[5]

위험에 있어서의 예방은 특히 미래의 위험과 관련된 관념이다. 이 점에서 예방은 주로 무언가 시급하고 급박한 것으로 여겨질 수 있는, 구체적 위험에 대한 대처와 관련된 개념인 (위험의) 방지(Abwehr)와 구별될 수 있다.[6] 경찰관 직무집행법은 범죄의 예방을 경찰의 임무로 명시하고 있는 바, 이러한 범죄예방 역시 객관적 법질서의 무사온전성이라는 공공의 안녕을 깨뜨리는 범죄를 그 발생 전에 '미리' 막는 것에 주된 의미가 있으며, 위험예방의 범주에 속한다. 테러방지법 제10조에 규정된 '국가중요시설과 많은 사람이 이용하는 시설 및 장비에 대한 테러예방대책과 테러의 수단으로 이용될 수 있는 폭발물·총기류·화생방물질, 국가 중요행사에 대한 안전관리대책의 수립'도 위험예방으로서 행해지는 것이다.

2) 위험방지의 준비와 위험사전대비

위험방지의 준비 혹은 위험에 대한 사전대비는[7] 장래에 발생하는 공공의 안녕 또는 질서에 대한 위험을 방지하거나 혹은 장해를 제거하는 것이 가능하도록 하기 위하여 위험발생 이전에 행하는 작용을 말한다.[8] 이러한 방식의 경찰작용은 특히 경찰이 위험의 발생 전에 이를 행하는 경우에 비

---

5) Denninger, Polizeiaufgaben, Rn. 176; Gusy, Polizeirecht, Rn. 198 참조.
6) Knemeyer, Vorsorge für die Gefahrenabwehr sowie die Straftatenverfolgung, S. 145.
7) 독일 경찰법에 있어서의 사전대비라는 용어는 경찰임무영역에서 일반적인 훼손의 방지를 위한 사전대비가 규정되었던 프로이센의 1815년 '지방행정청의 개선된 설치를 위한 명령'(Verordnung wegen verbesserter Einrichtung der Provinzialbehörden)에서 유래한다고 한다. Knemeyer, Der Schutz der Allgemeinheit und der individuellen Rechte, VVDStRL 1977, S. 232, Fn. 30; Kowalczyk, Datenschutz im Polizeirecht, 1989, S. 103 참조.
8) Knemeyer, Vorsorge für die Gefahrenabwehr sowie die Straftatenverfolgung, S. 136; Würz, Polizeiaufgaben und Datenschutz in Baden–Württemberg, Rn. 52.

로소 효과적인 위험의 방지가 가능한 경우들에서 그 전형적인 모습을 발견할 수 있다. 예컨대 전문가에 의해서만 그 제거가 가능한 위험물질 누출사고의 처리, 재난 시 의사에 의한 응급환자의 치료, 교통사고로 인한 차량통행 장해 시 차량견인 등을 위한 전문가·의사·견인업자의 개인정보를 비치하는 것과 같은 활동이 그것이다. 현재 문제되고 있는 코로나19와 같은 대규모 감염병 발생 시 감염병 확산을 막기 위한 경찰 조치나 집행력 투입 등의 세부계획을 실제 감염병 발생 이전 단계에 수립하는 것도 이에 해당할 수 있다.

위험방지의 준비나 위험사전대비를 위한 경찰활동은 그 시점에 구체적 위험은 아직 발생하고 있지 않다는 점, 구체적인 손상관련성은 없지만 부담(Belastung)을 미리 경감한다는 점에[9] 특징이 있다. 위험방지의 준비나 위험사전대비는 추후의 임무수행을 위한 사전 대처라는 점에서 손상을 입히는 사건 자체를 피하기 위한 위험예방과 구별된다. 다만 실제로는 하나의 행위에서 위험방지의 준비 내지 위험사전대비와 위험예방의 목표가 함께 추구될 수 있다.[10]

위험방지의 준비나 위험에 대한 사전대비는 - 종래 사전대비 작용이 많이 검토되었던 - 질서행정청만의 작용이 아니며 경찰 역시 이미 임무수행 과정에서 행해 왔던 것이다. 또한 위험방지의 준비 또는 위험사전대비는 예방적 경찰작용이라는 의미의 위험방지에 속한다. 그러한 의미에서 위험방지의 준비나 위험사전대비가 본질적으로 위험방지와 구별되는 새로운 유형의 경찰임무는 아니라 할 것이다.[11] 독일의 보충초안과 주의 경찰법에서 나타나는 위험방지준비의 입법적 보완은 경찰임무의 확장을 가져온 것이라

9) Rid/Hammann, Grenzen der Gefahrenabwehr im Umweltrecht, UPR 1990, S. 284; Gusy, Polizeirecht, Rn. 119.
10) Knemeyer, Vorsorge für die Gefahrenabwehr sowie die Straftatenverfolgung, S. 145, 156, Fn. 35 참조.
11) Kniesel/Vahle, Fortentwicklung des materiellen Polizeirechts, DÖV 1987, S. 953.

기보다는 기존에 경찰임무로서 행해지던 위험방지작용의 모습을 보다 분명하게 나타낸 것으로 이해하는 견해도[12] 바로 이러한 이유 때문이다.

3 구체적 입법 형태

현행 임무규범에서 인정될 수 있는 정보활동, 법치국가원리에 부합하며 현대사회에서 요구되는 적정한 경찰작용, 포괄적이고 추상적인 임무지정의 필요 등을 고려하면서 다음과 같은 몇 가지 개정 방안을 검토해 볼 수 있다.

1) 기존 열거된 임무 수행에 필요한 정보활동으로 규정하는 방안

제2조 제1호 내지 제7호까지의 임무지정에 의하여 각 임무에 수반되는 정보활동 영역 역시 이들 임무와 함께 설정된다고 보면, 논란이 되는 현행 제4호 치안정보의 수집·작성 및 배포를 삭제하고 제1호 내지 제7호에 이어 '위 각호의 임무를 수행하기 위하여 필요한 정보활동'을 임무로 명시하는 방안을 생각해 볼 수 있다. 이와 같은 규정을 두는 경우 앞에 열거된 임무 수행에 필요한 범위에서 정보활동 임무도 개설되며, 동시에 그와 같은 범위에서만 경찰의 정보활동이 허용됨을 입법적으로 명확히 하는 것이 된다. 즉, 경찰의 정보활동이 그 자체 독자적인 임무가 아니며, 경찰관 직무집행법이 정한 본래적 임무에 수반하여 그의 수행에 필요한 범위 내에서만 이루어질 수 있음을 확인하는 의미를 갖는다.

경찰관에 의한 정보활동은 정보의 수집, 작성, 가공, 이용, 제공, 폐기

---

12) Vahle, Zum Vorentwurf zur Änderung des Musterentwurfs eines einheitlichen Polizeigesetzes des Bundes und der Länder, VR 1987, S. 70; Knemeyer, Vorsorge für die Gefahrenabwehr sowie die Straftatenverfolgung, S. 136.

등 일체의 작용을 말하므로 실제 입법 시 조문을 구성함에 있어 '정보활동' 대신 정보의 수집 등 처리 작용을 좀 더 구체적으로 적시하며 규정하는 것도 고려해 볼 수 있다. 개인정보보호법은 정보의 수집, 생성, 가공, 이용, 제공, 파기 등 정보활동을 '처리'로 정의하고 있어 정보활동을 간단히 정보의 처리로 대체할 수도 있지만,13) 경찰의 정보활동 가운데 가장 기본적이며 대표적인 것이 정보의 수집이라는 점에서 적어도 수집은 명시하면서 — 예컨대 '수집 등 처리' — 조문을 구성하는 것이 보다 나아 보인다. 아래 다른 두 형태의 임무지정에서도 이 점 유효하다.

기존 열거된 임무 수행에 필요한 정보활동으로 규정하는 이와 같은 방식의 개정은 분명하면서도 간결하게 정보활동 영역을 설정한다는 장점을 갖는다. 다만 현행법에서의 임무를 어떻게 해석하느냐에 따라 위험 앞쪽 단계에서 위험방지의 준비나 위험사전대비를 위한 정보활동이 포함되지 못하게 될 수 있다는 문제를 안고 있다. 현행 제7호를 주로 전통적인 경찰법상의 위험방지로 이해하며 위험 앞쪽 단계에서의 작용을 포괄하지 못하는 것으로 보기도 하기 때문이다.14) 또한 위험의심에 따른 정보활동 역시 논란이 될 수 있다. 위험에 대한 의심이 있는 경우 위험의 존재 여부를 확인하기 위한 정보활동이 필요할 수 있지만, 이와 같은 입법에서는 위험의 존재가 전제되지 않은 상태에서의 정보활동을 매끄럽게 포섭하지 못하게 된다.

물론 이미 검토한 바와 같이 제7호 그 밖에 공공의 안녕과 질서의 유지 임무를 위험이 발생한 경우에 한정하지 않고 보다 앞쪽 단계에서의 예방적 경찰임무가 포함되는 것으로 해석한다면 이러한 문제들은 발생하지 않는다.

---

13) 독일의 경우 과거 정보활동을 수집과 (수집 이외의 정보활동인) 처리를 구분하여 정보활동을 포괄하는 용어로서 통상 정보수집 및 처리(Datenerhebung und -verarbeitung)로 지칭하기도 하였지만, 현재는 정보보호법(Datenschutzgesetz)과 여러 주경찰법들이 처리를 가장 포괄적인 개념으로 사용하고 있다.

14) 이와 같이 해석하여 변화된 경찰현실 및 경찰법이론에 부합하지 않는다고 보는 견해로는 이성용/서정범, 경찰작용법 체계의 합리적 개선방안, 34면.

2) 범죄 및 경찰상 보호법익에 대한 위험을 방지하기 위한 정보활동으로 규정하는 방안

앞의 방안과 달리 적극적으로 정보활동 목적과 대상을 밝히며 임무를 지정하는 형태도 생각해 볼 수 있다. 이 경우 '범죄의 방지와 경찰상 보호법익(공공의 안녕과 질서)에 대한 위험의 방지를 위한 정보활동'으로 규정하는 것을 우선적으로 검토할 수 있다. 범죄는 법질서를 깨뜨리는 것으로서 범죄를 행하려 하는 경우 공공의 안녕에 대한 위험을 구성하지만, 범죄의 방지를 명시함으로써 범죄방지를 위한 정보활동을 강조하고, 위험방지로서 이루어지는 정보활동의 목적과 범위를 보다 구체적으로 설정하게 된다.

이와 같은 방식에서 공공의 안녕 등 경찰상 보호법익을 명시하지 않고 간단히 '범죄 및 위해의 방지를 위한 정보활동' 정도로 규정하는 것도 가능하다고 본다. 위해라는 용어가 경찰관 직무집행법에서 이미 다수 사용되면서 위험과 같은 의미를 띠기도 하고, 학설에서 경찰상 보호법익에 대한 위험과 장해를 포괄하는 의미로 이해되기도 하여, 공공의 안녕과 같은 보호법익을 명시하지 않더라도 경찰상 보호법익에 대한 위험으로 해석될 수 있기 때문이다.

이처럼 범죄 및 경찰상 보호법익에 대한 위험의 방지를 위한 정보활동으로 규정하는 방식은 보다 적극적이고 구체적으로 경찰의 정보활동 범위를 정한다는 점에서는 긍정적이지만, 임박한 범죄 혹은 구체적 위험의 방지로 엄격하게 해석되는 경우 위험 앞쪽 단계에서 필요한 경찰 정보활동들이 포함될 수 있는가에 대한 논란이 발생할 수 있다.

3) 공공의 안녕에 대한 위험의 예방 및 대응을 위한 정보활동으로 규정하는 방안

앞서 검토한, 정보활동이 요구되는 경우들을 충분히 포괄하면서 다른 임무지정과 균형·조화를 이루는 규정형태로 '공공의 안녕에 대한 위험의 예방 및 대응을 위한 정보활동'도 생각해 볼 수 있다.[15]

공공의 안녕은 앞서 본 바와 같이 경찰상 보호법익으로서의 공동체적 법익과 개인적 법익의 보호를 포괄할 수 있는 것으로서, 비록 불확정개념이기는 하지만 국내외의 학설과 판례에 의해서 그 의미와 내용이 충분히 규명되어 있고, 경찰관 직무집행법 이외 국내 다수 법률에서 그 예를[16] 발견할 수 있어 경찰의 정보활동이 필요한 경우를 명확히 설정하는 데에 매우 유용하다.

국가 공동체생활을 영위하기 위하여 불가결한 각 개인의 행동에 대한 불문규범의 총체로 이해되는 공공의 질서도 보호법익에 포함시킬 수 있겠지만, 오늘날 공공의 안녕에 대한 보충적 보호법익으로서의 공공의 질서 자체가 드물게 인정될 뿐이고, 그에 대한 위험이 현실화하기 전부터 이를 예방하고 위험의 방지를 준비하거나 사전대비하기 위하여 경찰이 정보활동을 한다는 것의 실익이나 법익 간 균형이 인정될 만한 경우는 흔치 않을 것이다. 공공의 질서까지 위험 앞쪽 단계에서의 정보활동에 명시하는 것은 재고할 필요가 있다.[17] 위험 예방 및 대응을 명시하여 정보활동 임

---

15) 이와 비슷한 규정형태는 2018년 경찰개혁위원회 권고안(경찰청, 경찰개혁위원회 백서, 2018, 289면 참조) 및 2019년 3월 15일 경찰법 및 경찰관 직무집행법 일부개정법률안(소병훈 의원 안)으로 제안된 바 있다. 또한 정보경찰 활동규칙 제2조 제1호에서도 비슷한 문언을 발견할 수 있다.

16) 예컨대 방조제관리법(제3조), 화학무기등 수출입규제법(제25조), 소방기본법(제1조), 군사법원법(제19조), 항공안전법(제2조), 해양경비법(제7조), 해양경찰법(제14조) 등 다수의 법률에서 공공의 안녕을 규정하고 있다.

17) 공공의 질서에 대한 현저한 위험이 있는 경우에도 개인에 대한 촬영을 허용하고 있는 독일 연방집시법에 대해서 공공의 질서가 집회의 자유와 동등한 가치의 보호법익이 아니라는 점에서 비록 법규정이 현저한 위험으로 촬영의 요건을 엄격하게 설정하고 있다 하더라도 비례원칙에 부합하지 않는다는 지적이 있다. 공공의 질서에 대한 현저한 위험만으로는 촬영이 허용되지 않는 것으로 연방집시법을 해석하는 것이 헌법합치적이라는 것이다(Arzt, Das Bayerische Versammlungsgesetz von 2008, S. 384; Koranyi/Singelstein, Rechtliche Grenzen

무를 정하는 경우 공공의 질서는 제외하는 규정 형태를 제안한다.

위험은 공공의 안녕과 마찬가지로 충분히 그 의미와 내용이 정립되었다고 볼 수 있다. 물론 과거 손상발생의 충분한 개연성을 요구하며 상당히 엄격하게 이해되었던 것과는 달리, 오늘날 개연성의 정도를 낮추어 위험을 보다 넓게 인정하기도 한다. 또한 개연성 인정에 있어 다소 가변적인 모습을 보이기도 하지만, 이는 위험의 인정에 있어 가치판단이 이루어지고, 공공의 안녕에 대한 그때그때의 사회적 요구를 반영하는 것으로 이해할 수 있다.[18] 이와 같은 위험을 정보활동 임무에서 규정하는 것은 임무의 특성상 광범위한 영역에서 작용할 수밖에 없는 경찰이 위험, 즉 법익손상의 개연성과 무관하게 불필요한 경우에서까지 과도한 정보활동을 행하는 것을 차단하게 된다. 특히 경찰 정보활동에서 그동안 많은 논란이 있었던 이른바 정책정보의 한계 설정에 있어 위험 개념이 기능할 수 있다.

위험의 '예방 및 대응'을 위한 정보활동으로 규정하는 것은 특정 사안에서 손상발생가능성을 차단하는 구체적 위험에 대한 방지뿐만 아니라 구체적 위험 앞쪽 단계에서 미리 위험발생의 가능성을 차단하고 위험에 대비하는 정보활동을 보다 분명히 포괄하기 위함이다. 특히 "어떤 일이나 사태에 알맞은 조치를 취한다."는 의미의[19] 대응이라는 용어를 사용함으로써 엄격하게 이해되는 위험의 '방지' 및 장해의 제거만이 아닌,[20] 보다 앞

---

für polizeiliche Bildaufnahmen von Versammlungen, NJW 2011, S. 125). 작센 – 안할트주의 경우 공공의 질서에 대한 위험을 집회 · 시위에서의 촬영이 허용되는 경우에서 제외하고 있다. 물론 정보활동 임무를 설정하는 것과 기본권 침해적인 정보수집 등 조치를 허용하는 것은 다른 문제이기는 하지만 공공의 질서를 정보활동 임무에서의 보호법익으로 할 것인지에 대해서 시사하는 바가 있다.

18) 이와 같은 예로서 이륜자동차의 위험성에 기한 고속도로 통행금지를 합헌이라 판단하는 헌법재판소 결정(헌법재판소 2007. 1. 17. 선고, 2005헌마1111, 2006 헌마18(병합))을 들 수 있다. 이 결정에 대한 상세한 평석은 김성태, 이륜자동차에 대한 고속도로 등 통행금지의 정당성, 행정판례연구 XIV(2009), 339면 이하 특히 366면 참조.

19) 한컴사전(민중국어사전)에서의 정의임.

20) 테러방지법 제2조 제6호는 "대테러활동"이란 제1호의 테러 관련 정보의 수집,

쪽 단계에서의 위험방지의 준비 및 위험사전대비를 큰 무리 없이 도출해 낼 수 있다. 이와 같이 해석될 수 있는 의미로 '예방 및 대응'을 규정하고 있는 예는 테러방지법(제1조, 제2조, 제3조, 제8조)에서 발견할 수 있다. 산림경찰작용(산림위험방지)과 관련된 산림보호법에서도 같은 의미로 산사태의 '예방 및 대응'을 규정하고 있다(제45조의15 제1항 및 제2항).[21]

이처럼 위험발생의 예방 그리고 위험방지의 준비와 위험사전대비가 예방 및 대응에 포함되는 것으로 볼 수 있지만, 이와 관련된 정보활동이 위험 앞쪽 단계에서 무한히 인정되는 것은 아니다. 그러한 정보활동은 원칙적으로 위험예측을 이유 있게 하는 상황의 근거가 될 수 있는 정당한 조건들이 미래에 존재하는 것으로 인정되는 경우에만 행해질 수 있다.[22]

위험의 예방 및 대응이라는 표현을 통해 위험임이 불분명한 상황에서 위험의 존재 여부를 확인하기 위해 행하는 정보활동 역시 인정될 수 있다고 본다.[23] 그러나 이 경우에도 당연히 한계는 존재한다. 위험의심 상황이라 여긴 것이 실제에 있어 위험을 구성하지 않으며 위험의심을 정당화하는 사정에도 해당하지 않으면, 이러한 사정에 근거한 경찰의 정보활동은 위법이 된다.[24] 합리적이고 객관적인 경찰관의 '사전적 관점'(ex ante

---

테러위험인물의 관리, 테러에 이용될 수 있는 위험물질 등 테러수단의 안전관리, 인원·시설·장비의 보호, 국제행사의 안전확보, 테러위협에의 대응 및 무력진압 등 테러 예방과 대응에 관한 제반 활동을 말한다고 규정하고 있어 대응이 장해의 제거도 포함하는 개념으로 사용되고 있다.

21) 이 외에도 고독사 예방 및 관리에 관한 법률(제4조), 기상법(제35조), 연구실 안전환경 조성에 관한 법률(제7조, 제20조), 의료법(제23조의4), 전자정부법(제56조의2), 정보통신망 이용촉진 및 정보보호 등에 관한 법률(제45조의3), 초고층 및 지하연계 복합건축물 재난관리에 관한 특별법(제20조)에서의 예방 및 대응은 모두 위험에 대한 방지뿐만 아니라 예방, 위험방지의 준비, 사전대비의 관념을 포괄하는 것으로 해석할 수 있다.

22) Neumann, Vorsorge und Verhältnismäßigkeit, S. 91 참조.

23) 독일 판례에서 확인되는 추상적 위험의심의 경우에도 인정될 수 있을 것이다.

24) 위험의심에 따른 조치의 적법 여부 판단 기준은 Denninger, Polizeiaufgaben, Rn. 49; Götz, Allgemeines Polizei – und Ordnungsrecht, Rn. 160.

Perspektive)에서의 판단에 의하면[25] 위험의심이 인정될 수 없음에도 불구하고 이러한 상황에 반응하여 위험이 의심된다 하며 위험 여부를 확인하는 정보활동을 수행하는 것은 결과적으로 임무규범의 테두리를 벗어난 것이 된다.

요컨대 공공의 안녕에 대한 위험의 예방 및 대응을 위한 정보활동으로 규정하는 경우 공공의 안녕, 위험, 예방, 대응 등의 개념이 서로 유기적으로 결합하여 예방임무로서의 정보활동을 충분히 포섭하며 동시에 적절한 범위로 한계지을 수 있다.

다만 이와 같은 규정은 장래 범죄의 추적 등 형사소추를 사전대비하기 위한 정보활동(예컨대 장래 범죄수사 목적의 개인정보의 수집 · 보관)까지 포함시키는 데에는 난점이 있다. 이른바 형사소추의 사전대비는 효율적인 수사를 위한 것이기는 하지만,[26] 구체적 범죄 사건에서 진행되는 형사절차는 아니다.[27] 그렇다고 하여 이를 범죄예방, 즉 위험방지작용에 속하는 것이라 보기도 어렵다. 범죄수사를 용이하게 하려 대비하는 작용이 반드시 특정인을 대상으로 행해지는 것만은 아니며, 범죄실행의 가능성이 높은 '잠재적인 범죄자'가 그 자신에 대한, 장래의 범죄를 추적하기 위하여 수집된 정보가 존재할 수 있다고 생각한다고 해서 그것이 범죄의 실행을 예방하는 효과가 있다고 단언할 수는 없기 때문이다.[28] 형사소추의 사전대비

---

25) 이와 같은 기준을 인정하고 있는 판결로는 대법원 2012. 12. 13. 선고 2012도11162; 대법원 2013. 6. 13. 선고 2012도9937.

26) Schoreit, Keine Rechtsgrundlagen der zentralen Datenverarbeitung des Bundeskriminalamts, CuR 1986, S. 227; Wolter, Heimliche und automatisierte Informationseingriffe wider Datengrundrechtsschutz, GA 1988, S. 64.

27) Knemeyer, Vorsorge für die Gefahrenabwehr sowie die Straftatenverfolgung, S. 149.

28) 예방효과에 회의적인 견해로는 Bäumler, Informationsverarbeitung im Polizei – und Strafverfahrensrecht, Rn. 535; Ringwald, Gegenpol zu Inpol, ZRP 1988, S. 180; 반대의 견해로는 Sternberg–Lieben, „Genetischer Fingerabdruck" und § 81a StPO, NJW 1987, S. 1246; Schäfer, Die Prädominanz der Prävention, GA 1986, S. 64.

를 위험방지의 준비나 위험사전대비로 분류할 수도 없다. 형사소추사전대비로서 정보를 수집·저장하는 경우 그 목적은 장래에 '발생할' 범죄가 아닌, 장래 '이미 발생한' 범죄의 규명을 위한 것으로서, 위험과는 무관하기 때문이다. 즉, 어떠한 직접적인 위험방지가 아닌, 추후 실제 범죄발생 시보다 나은 범죄의 규명을 위해 사용함에 그 목적이 있는 것이다. 다시 말해 '진압임무'의 사전대비가 그 본질이고, '미래의 범죄의 방지', 즉 위험방지의 사전대비는 아닌 것이다.[29] 이렇게 본다면 형사소추의 사전대비를 위한 정보활동은 공공의 안녕에 대한 위험의 예방 및 대응을 위한 정보활동이 아닌, 기존 제2호 범죄수사 임무로부터 도출하여야 한다. 형사소송법의 규정들은 구체적 범죄행위의 소추를 위한 수사를 대상으로 하는 성격이 두드러지지만,[30] 경찰관 직무집행법 제2조 제2호는 단지 구체적으로 발생한 범죄의 수사만이 아닌, 실제 범죄 발생 시 수사 및 형사소추가 효율적으로 행해질 수 있는 수사와 관련된 일련의 활동을 경찰의 임무로 지정한 것으로 파악하여야 한다. 범죄수사 이전 단계에서 수사 및 형사소추를 미리 대비하는 정보활동 역시 여기에 포함된다.[31]

---

29) Alberts/Merten, Gesetz über die Datenverarbeitung der Polizei, S. 40, Rn. 7; Bäumler, Informationsverarbeitung im Polizei – und Strafverfahrensrecht, Rn. 536; Denninger, Verfassungsrechtliche Grenzen polizeilicher Daten-verarbeitung insbesondere durch das Bundeskriminalamt, CuR 1988, S. 54; Dreier, Erkennungsdienstliche Maßnahmen im Spannungsfeld von Gefahrenabwehr und Strafverfolgung, JZ 1987, S. 1010; Lilie, Das Verhältnis von Polizei und Staatsanwaltschaft im Ermittlungsverfahren, ZStW 1994, S. 636; Siebrecht, Die Polizeiliche Datenverarbeitung im Kompetenzstreit zwischen Polizei – und Prozeßrecht, JZ 1996, S. 713.
30) Götz, Allgemeines Polizei – und Ordnungsrecht, Rn. 86 참조.
31) 결론에 있어 같은 견해(단, 입법론적으로는 이를 형사소송법 영역에서 규율하는 것이 바람직하다고 보고 있다)는 손재영, 경찰법, 2018, 37면.

제7장

정보활동
권한 규정의 보완

정보활동
권한 규정의 보완

1 정보활동에 관한 임무와 권한의 분리

일정한 정보활동이 임무규범에 의하여 경찰작용영역 내에 포함된다 하여 이들 정보활동이 임무규범만으로 모두 적법하게 되는 것은 아니다. 경찰관 직무집행법에서 정보활동에 관한 임무지정이 새롭게 이루어지더라도 당해 임무수행을 위한 정보활동 가운데 비침해적으로 행해지는 것만이 임무규범에 의해서 정당화될 수 있다. 법치국가원리의 내용을 이루는 법률유보원칙에 따라 국가작용에 의한 개인 권리의 침해가 단지 포괄적인 임무지정만을 근거로 하는 것은 허용되지 않는다고 보기 때문이다.[1] 법률유보원칙에 따라 경찰의 정보활동에 의한 개인 권리에 대한 침해는 충분히 특정

---

1) Schenke, Polizei – und Ordnungsrecht, Rn. 20; Knemeyer, Rechtsgrundlagen polizeilichen Handelns, LKV 1991, S. 324; Denninger, Polizeiaufgaben, Rn. 67 참조.

된 법률의 수권을 요하며, 임무규범과는 별개의 권한규범(Befugnisnorm)을 필요로 한다(임무와 권한의 분리원칙).

임무와 권한의 분리원칙과 관련하여, 경찰 이외 국가기관의 작용에서도 개인의 기본권 침해가 문제되는 경우가 있을 수 있고, 현재 모든 법률들이 행정기관의 임무를 정하면서 그의 수행을 위한 별도의 권한규범을 체계적으로 마련하고 있는 것은 아니기 때문에 임무와 권한의 분리가 경찰작용을 관장하는 법률에서 꼭 이루어져야만 하는 것인가 의문이 있을 수 있다. 그러나 지극히 추상적이고 포괄적으로 지정된 임무규범에 의하여 공공의 안녕과 질서의 유지를 담당하는 경찰이 임무규범만을 근거로 권리침해적 조치까지도 행할 수 있다고 하는 것은 국민 기본권 보장의 관점에서 분명히 문제가 있다. 임무규범과 분리된 별도의 권한규범을 둠으로써 기본권이 보장되고 적정한 경찰작용이 행해지는 실질적 법치국가에 더 가까이 다가갈 수 있는 것이다.[2]

요컨대 경찰관 직무집행법의 임무규범을 개선하여 정보활동의 영역과 범위를 적절하게 설정하는 경우에도 그에 따른 적법한 정보수집 등 처리를 위해서는 임무규범에 더하여 별도의 권한규범이 마련되어야 한다. 현재의 경찰관 직무집행법이 불심검문(제3조), 사실의 확인(제8조)과 같은 규정을 두고 있기는 하지만, 정보활동과 관련하여 일반적으로 받아들여지고 있는 법이론이나 실무상 필요에 부응하는 권한규범을 두고 있다고는 할 수 없다. 임무규범의 개선과 함께 권한규범의 보완도 이루어져야 한다.

---

2) 독일 경찰법에서 입법적으로 임무와 권한의 분리가 명확하게 강조되는 것은 1977년 모범초안 이래 나타난다. 경찰의 권리침해적 조치에 대해서는 단지 임무규범만이 아닌 별도의 권한규범이 필요하다는 것이 현재 독일의 입법례 및 학계의 태도이고(Knemeyer, Polizei — und Ordnungsrecht, Rn. 12), 그에 영향받은 국내 행정법학계의 일반적 견해이다(예컨대 김동희, 행정법II, 205면 이하; 김철용, 행정법, 994면; 김연태, 치안정보의 효율적인 관리방안에 관한 연구, 85면).

2 개인정보의 수집 등 처리의 기본권침해성

종래 국가 등에 의한 일정한 개인정보의 수집 등 처리가 기본권침해성을 갖는 것인지에 관하여 논란이 있었지만, 기본권으로서의 개인정보자기결정권이 헌법재판소에 의해 명시적으로 인정되면서 더 이상 의문이 없게 되었다.

헌법재판소는 개인정보자기결정권을 자신에 관한 정보가 언제 누구에게 어느 범위까지 알려지고 또 이용되도록 할 것인지를 그 정보주체가 스스로 결정할 수 있는 권리, 즉 정보주체가 개인정보의 공개와 이용에 관하여 스스로 결정할 권리라고 하고 있다. 헌법재판소에 따르면 개인정보자기결정권의 보호대상이 되는 개인정보는 개인의 신체, 신념, 사회적 지위, 신분 등과 같이 개인의 인격주체성을 특징짓는 사항으로서 그 개인의 동일성을 식별할 수 있게 하는 일체의 정보를 말하며, 반드시 개인의 내밀한 영역이나 사사(私事)의 영역에 속하는 정보에 국한되지 않고 공적 생활에서 형성되었거나 이미 공개된 개인정보까지도 포함된다.[3] 이는 보호의 대상이 되는 개인정보의 범위가 정보의 민감성(Sensibilität) 혹은 정보가 유래된 영역(Sphäre)에 따라 달라지는 것은 아니라는, 독일의 인구조사법판결에서 연방헌법재판소가 취한 입장과 궤를 같이하는 것이다.

헌법재판소는 개인정보를 개인의 동일성을 식별할 수 있게 하는 일체의 정보라고 정의하면서도 교육정보시스템(NEIS)결정에서[4] 개인정보가 인간의 존엄성이나 인격의 내적 핵심, 내밀한 사적 영역에 근접하는 민감한 개인정보와 사회생활 영역에서 노출되는 것이 자연스러운 정보로 나뉠 수 있고 각 정보에 따라 개인정보자기결정권에 대한 제한의 허용성 내지 엄격한 보호의 대상성이 달라질 수 있다고 한다. 발달된 네트워크의 현대정보사회에서 개인정보가 순전히 정보주체인 개인에게만 국한되기 어려운

---

3) 헌법재판소 2005. 5. 26. 선고, 99헌마513(2004헌마190병합) 결정.
4) 헌법재판소 2005. 7. 21. 선고, 2003헌마282 결정.

점을 고려하면 보호대상으로서의 개인정보의 범위를 일체의 정보로 설정하는 것은 정보환경이 보여주는 현실과 법적 규율의 실제간 괴리를 노정할 수 있기 때문에 헌법재판소가 개인정보에 대한 보호의 정도에 있어 사회적 관련성의 결합을 시도하는 것이라 할 수 있다.

경찰의 개인정보의 수집 등 처리는 원칙적으로 개인정보자기결정권에 대한 침해가 된다. 과거 기본권 제한이 의도된 것이고(목적성), 관련된 기본권을 직접 침해하는 것이어야 하며(직접성), 법적 효과를 갖는 행위가(법적 효과) 명령과 강제에 의하여 관철되는 경우(명령과 관철)를 개념징표로 하던 고적적 의미의 침해 개념은[5] 더 이상 유지될 수 없다. 헌법재판소가 지문정보결정에서 개인정보를 대상으로 한 조사·수집·보관·처리·이용 등의 행위는 모두 원칙적으로 개인정보자기결정권에 대한 제한에 해당한다고 한 것은 예컨대 수집목적과 다른 목적을 위하여 행해진 행정청 간 개인정보의 교부에서와 같이 국민에 대하여 일방적으로 명령·강제하는 것처럼 보이지 않는 경우에도 공권력 행사에 의한 기본권 침해에 해당한다는 점을 분명히 한 것이다.

경찰에 의한 개인정보의 수집 등 처리에 있어서 그 방식이나 수단은 침해성 여부의 판단에서 특별한 의미를 갖지 않는다. 헌법재판소는 개인의 고유성, 동일성을 나타내는 지문은 그 정보주체를 타인으로부터 식별 가능하게 하는 개인정보이므로, 시장·군수 또는 구청장이 개인의 지문정보를 수집하고, 경찰청장이 이를 보관·전산화하여 범죄수사목적에 이용하는 것은 모두 개인정보자기결정권을 제한하는 것으로 보고 있다. 독일에서도 인구조사법판결 이후 국가에 의한 모든 개인정보의 수집·저장·이용·변경·제공·폐기 등 정보에 대한 일체의 작용은 개인의 정보자기결정권에 대한 침해로 파악되며, 경찰에 의한 개인정보의 수집 등 처리 역시 정보자기결정권에 대한 침해가 된다.[6]

---

5) Pieroth/Schlink, Grundrechte, 13. Aufl., Rn. 238.
6) 경찰의 정보활동과 침해관념의 변천에 대한 보다 자세한 논의로는 Kowalczyk,

독일 경찰법에서의 정보활동 권한 규정 예

우리 경찰법 이론에 큰 영향을 미치고 있는 독일 주경찰법들은 정보활동에 관하여 매우 상세한 권한규범을 두고 있다. 이러한 독일의 규정 예는 경찰관 직무집행법상 정보수집 등 권한규범의 보완에 매우 유용한 비교법적 고찰 재료가 될 수 있다. 아래에서 일별한다.

1) 임무규범과 권한규범의 분리

개인정보의 수집 등 처리가 침해성 없는 활동으로 평가되었거나 혹은 그 침해성을 둘러싸고 논란이 있었던 이전과는 달리 인구조사법판결 이래 독일 경찰의 개인정보에 대한 작용들은 더 이상 단지 임무규범만을 근거로 정당화될 수 없고 별도의 법률적 수권을 필요로 하게 된다.7) 이에 따라 보충초안은 임무규범의 개정을 통해서 경찰의 정보활동이 경찰작용영역 내에 있음을 보다 용이하게 해석할 수 있게 하면서도, 개인정보의 수집 등 처리에 관한 권한규범들의 보완도 제안하고 있다. 현재 독일 주경찰법들은 보충초안의 이러한 제안에 반응하여 임무규범의 변경과 함께 정보의 수집 등 처리에 관한 다수의 권한규범을 두고 있다.

2) 보충초안의 권한규범

보충초안은 주경찰법에서 개인정보의 수집 등 처리에 관한 권한을 가능한 한 통일적이고 명확하게 규율토록 하기 위한 권한규범 모델들을 보여주고 있다. 보충초안은 모범초안에 규정되었던 제8조 일반수권조항과

Datenschutz im Polizeirecht, S. 51 ff. 참조.

7) Gallwas, Zum Prinzip der Erforderlichkiet im Datenschutzrecht, 1993, S. 827; Kowalczyk, Datenschutz im Polizeirecht, S. 53.

제9조 신원확인 사이에 개인정보수집과 관찰(polizeiliche Beobachtung)에 대한 4개의 조문(§ 8a~§ 8d)을 삽입한다. 그리고 기존 제10조 감식 규정에 이어 다시 개인정보에 대한 경찰작용과 관련된 8개의 조문을 둔다. 개인정보의 저장·변경 및 이용(§ 10a), 선례관리와 기록보관(§ 10b), 개인정보의 제공(§ 10c), 자동화된 개인정보 접속(§ 10d), 개인정보의 대조(§ 10e, § 10f), 개인정보의 정정·폐기 및 차단(§ 10g), 자동화된 데이터 등재대장(§ 10h)의 규정이 그것이다. 보충초안에서의 개인정보에 대한 권한은 그 내용에 따라 정보의 수집, 정보의 저장·변경·이용, 정보의 제공, 정보의 대조에 관한 것으로 나눌 수 있다. 그 개략적인 내용은 다음과 같다.

경찰은 위험방지를 위하여 혹은 사권보호 및 집행원조의 임무를 수행하기 위하여 경찰책임자, 일정한 경우의 비경찰책임자 및 동안(案)이 규정한 자(예컨대 위험에 처한 자, 실종자, 증인 등)에 대한 개인정보를 수집할 수 있다(§ 8a I). 나아가 경찰은 사실적 근거에 의하여 범죄의 예방적 퇴치를 위하여 필요하다고 인정되는 경우에는 일정한 자(예컨대 범행을 행할 것으로 의심되는 자, 그와 접촉하거나 동반하는 자)에 대한 개인정보를 수집할 수 있다(§ 8a II). 또한 경찰이 위험방지의 준비를 위하여 필요한 경우에 일정한 자에 관한 인적 사항을 수집할 수 있음도 규정하고 있다(§ 8a III). 보충초안은 특히 민감한 문제인 시위 등에 있어서의 경찰의 개인정보 수집에 대한 독자적인 권한규범도 두고 있다(§ 8b).

제8c조는 "특별한 정보수집 형태"라는 제목하에 경찰이 중대한 위험의 방지나 예방적 범죄퇴치를 위하여 장기감시, 기술적 수단의 비공개적 투입, 신분위장경찰관, 비경찰정보원 등을 이용하여 개인정보를 수집할 수 있음을 규정하고 있다. 보충초안은 종래 경찰직무규정(PDV 384. 2)을 근거로 행해졌던 관찰을 개인정보수집에 관한 개별권한으로서 규정하고 있다(§ 8d). 관찰은 미리 설정된 시간 내 개인의 활동에 대한 정보를 획득하기 위한 것으로서 정보수집의 일유형으로 규정되어 있지만 실제로는 정보의

수집뿐만 아니라 저장·이용·제공 등이 함께 이루어진다.[8]

보충초안 제10a조는 일반수권조항형식으로 정보의 저장·변경·이용에 대한 권한규범을 제안하고 있다. 이러한 규정을 근거로 경찰은 그 임무수행에 필요한 경우 개인정보를 문서 또는 데이터로 저장하고 변경, 이용할 수 있다. 경찰은 또한 경찰작용에 대한 선례관리 및 기한이 정해진 기록보관의 목적으로 개인정보를 저장할 수 있고 전적으로 이 목적으로만 이들 정보를 저장할 수 있으며 그 한도에서 제10a조는 적용이 배제된다(§ 10b).

정보의 제공과 관련하여 보충초안은 제10c조에서 경찰이 저장하고 있는 정보에 접근하려는 다른 기관 혹은 사인의 성격에 따라서 그 허용요건을 달리하여 규정할 것을 제안하고 있다. 예컨대 임무의 유사성에 따라 위험방지임무를 담당하고 있는 기관에 대한 정보의 제공은 다른 임무를 수행하는 기관이나 사인에 대한 정보제공보다 상대적으로 완화된 요건하에서 허용된다. 또한 별도로 정보제공을 위한 자동화된 접속절차의 설치 및 허용요건에 대해 규정하고 경찰 이외의 기관에 의한 검색을 금지하고 있다(§ 10d).

제10e조는 개인정보를 그 종류에 따라 요건을 구별하여 경찰보유 데이터 또는 수배자료와 대조(Abgleich)할 수 있음을 규정하고 있다. 제10f조에서는 경찰이 위험방지 목적으로 다른 정보현황과의 대조를 위하여 공공기관 또는 비공공기관의 정보 중 특정 인적 집단에 대한 개인정보의 제공을 요구할 수 있음을 규정하고 있는바, 이를 통하여 특정인을 확인하기 위한 기기상의 대조(이른바 Rasterfahndung)의 허용근거를 마련하고 있다.

---

8) Alberts/Merten, Gesetz über die Datenverarbeitung der Polizei, S. 175, Rn. 1.

3) 주경찰법에서의 권한규범

주경찰법들에 규정된 종래의 권한들 중 질문(polizeiliche Befragung), 신원확인, 증명서의 검사, 감식, 소환 및 구인, 수색 등은 정보수집과 관련된 권한으로 분류될 수 있다. 주경찰법들은 이들 기존 정보수집과 관련된 권한들과는 별도로 개인정보의 수집 등 처리에 관한 새로운 권한규범들을 두고 있다. 새로 규정된 개인정보의 수집 등 처리에 대한 권한규범은 경찰의 여타 표준조치(Standardmaßnahme)에 대한 권한규범과 비교하여 그 수가 대단히 많으며 또한 각 요건들을 매우 상세하게 규정하고 있다. 이들 개인정보의 수집 등 처리에 관한 권한은 그 내용에 따라 보충초안에서와 마찬가지로 정보의 수집, 정보의 저장·변경·이용, 정보의 제공, 정보의 대조 등으로 나눌 수 있다.

우선 개인정보수집과 관련하여 대부분의 주경찰법들은 보충초안 제8a조를 따라 '정보수집에 관한 일반조항'(Generalklausel für die Datenerhebung)을 두고 있고 여기에서는 경찰의 개인정보수집에 대하여 일반적으로 수권하고 있다. 즉, 위험방지, 범죄예방, 집행원조, 다른 법규정에 의하여 부여된 임무의 수행 혹은 사권의 보호를 위해서 필요한 경우 경찰은 경찰책임자, 비책임자 그리고 당해 사안에 소용되는 바를 알 수 있는 자에 대한 정보를 수집할 수 있다.9) 정보수집에 관한 일반수권조항은 개인정보수집에 관한 개별수권조항이 있는 경우 그 적용이 배제된다.10)

몇몇 주들은 위험방지의 준비를 위한 개인정보의 수집에 대한 권한규범도 두고 있다. 즉, 경찰은 위험상황에서의 조력을 준비하기 위하여 필요

---

9) Art. 32 BayPAG, §§ 20 BWPolG, 30 BbgPolG, 9 I PolG NW, 26 SPolG, 32 I ThürPAG, 28 BremPolG, 18 I BerlASOG 등 참조.
10) 정보수집에 대한 일반수권조항에 대한 설명은 Seong-Tae Kim, Datenschutz im deutschen und koreanischen Polizeirecht, S. 138 f.; Petri, Informations- verarbeitung im Polizei – und Strafverfahrensrecht, in: Lisken/Denninger (Hrsg.), Handbuch des Polizeirechts, 4. Aufl., Rn. 173 f. 참조.

한 경우 특별한 지식이나 능력을 가진 자 또는 위험하거나 위협받는 시설물에 대하여 책임 있는 자에 관한 정보를 수집할 수 있다.[11] 위험방지준비를 위한 정보수집은 경찰상 위험방지의 앞쪽 단계에서의 활동을 의미하며[12] 그 시점에서 구체적 위험의 존재를 필요로 하지 않는다는 점에 특징이 있다.[13]

개인정보수집에 관한 개별권한으로는 공공행사·공공장소 등에 있어서의 촬영 및 녹음 등 정보수집,[14] 체류에 대한 전자적 감시(elektronische Aufenthaltsüberwachung),[15] 우편물보관(Postsicherstellung),[16] 장기감시(längerfristige Oberservation),[17] 기술적 수단의 비공개 사용(verdeckter Einsatz technischer Mittel),[18] 주거 내외에서의 기술적 수단을 이용한 정보수집(Einsatz technischer Mittel in oder aus Wohnungen),[19] 신분위장 경찰관의 투입(Einsatz von Polizeibeamten unter einer Legende),[20] 비경찰정보원의 이용(Einsatz der Vertrauensperson),[21] 자동차번호판 자동인식시스템

---

11) Art. 32 II BayPAG, §§ 20 IV BWPolG, 30 II BbgPolG, 11 PolG NW, 26 III SPolG, 32 II ThürPAG, 28 IV BremPolG. 19 BerlASOG 등 참조.
12) 31.7 VollzBek zu Art. 31 BayPAG 참조.
13) Bäumler, Informationsverarbeitung im Polizei- und Strafverfahrensrecht, Rn. 691 f. 참조.
14) Art. 33 BayPAG, §§ 21 BWPolG, 15, 15a PolG NW, 27 SPolG, 33 ThürPAG, 29 BremPolG, 24, 24a, 24b BerlASOG 등 참조.
15) Art. 34 BayPAG 참조.
16) Art. 35 BayPAG 참조.
17) Art. 36 BayPAG, §§ 16a PolG NW, 28 SPolG, 34 ThürPAG, 31 BremPolG, 25 BerlASOG 등 참조.
18) Art. 36 BayPAG, §§ 22 II BWPolG, 33 BbgPolG, 17 PolG NW, 28 SPolG; 34 ThürPAG, 33 BremPolG, 25 BerlASOG 등 참조.
19) Art. 41 BayPAG, §§ 23 I BWPolG, 33a BbgPolG, 18 PolG NW, 28a SPolG 등 참조.
20) Art. 37 BayPAG, §§ 24 BWPolG, 35 BbgPolG, 20 PolG NW, 34 ThürPAG, 35 BremPolG, 26 BerlASOG 등 참조; 이에 관한 상세한 설명은 김성태, 독일 주경찰법상 신분위장경찰공무원, 경찰법연구 제2호(2004. 6), 147면 이하.
21) Art. 38 BayPAG, §§ 34 BbgPolG, 19 PolG NW, 34 ThürPAG, 34 BremPolG,

(Automatisierte Kennzeichenerkennungssysteme),[22] 통신에서의 정보수집 (Eingriffe in den Telekommunkationsbereich),[23] 정보기술시스템에서의 비공개 정보수집(Verdeckte Zugriff auf informationstechnische Systeme),[24] 신체부착카메라(Einsatz körpernah getragener Aufnahmegeräte)와[25] 드론의 이용(Einsatz von unbemannten Luftfahrtsystemen)[26] 등이 있다.[27]

주경찰법들은 정보처리능력이 발달함에 따라 침해성이 더욱 높아지고 있는 개인정보의 저장·변경 및 이용에 대해서도 규정하고 있다. 즉, 경찰은 임무의 수행, 특정 시점까지의 기록보관 및 선례관리, 위험방지 또는 중대한 범죄의 예방적 퇴치를 위해서 필요한 경우 개인정보를 문서와 데이터로 저장·변경·이용할 수 있다.[28] 이들 권한의 행사에 있어서는 특히 목적구속의 원칙이 강조된다.[29] 물론 예외적으로 일정한 요건을 정하여

---

26 BerlASOG 등 참조; 비경찰정보원의 이용에 대해서는 정보원의 비신뢰성, 범죄실행가능성, 법치국가 한계 내의 국가작용인지에 대한 의문 등의 문제가 제기되기도 하며, 바덴-뷔르템베르크주와 작센주 경찰법에서는 이에 대한 규정을 두지 않고 있다. 비경찰정보원의 문제점에 대해서는 Geißdörfer, V-Personen und Verdeckte Ermitter, Kriminalistik 1993, S. 680; Honnacker/Bartelt, Drittes Gesetz zur Änderung des Polizeiaufgabengesetzes, BVBl 1991, S. 10 ff.; Pütter/Diederichs, V-Personen, Verdeckte Ermittler, NoePs, qualifizierte Scheinaufläufer und andere, BuP 3. 1994, S. 29 참조.

22) Art. 39 BayPAG, §§ 22a BWPolG, 36a BbgPolG, 22b PolG NW, 24c BerlASOG 등 참조.

23) Art. 42 BayPAG, §§ 23, 23b BWPolG, 33b BbgPolG, 20c PolG NW, 28b SPolG, 34a ThürPAG 등 참조.

24) Art. 34 BayPAG 참조.

25) Art. 33 Ⅳ BayPAG, § 15c Ⅰ PolG NW 참조.

26) Art. 47 BayPAG 참조.

27) 이들 권한에 대한 개관은 Seong-Tae Kim, Datenschutz im deutschen und koreanischen Polizeirecht, S. 144 ff.; Petri, Informationsverarbeitung im Polizei- und Strafverfahrensrecht, Rn. 193 ff.; 서정범/박병욱(역), 쿠겔만의 독일경찰법, 2015, 260면 이하 참조.

28) Art. 54 BayPAG, §§ 37 I, 38 I BWPolG, 39 BbgPolG, 23, 24 PolG NW, 30 SPolG, 40 ThürPAG, 36a BremPolG, 42 I, 43 I BerlASOG 등 참조.

29) Art. 53 BayPAG, §§ 37 II BWPolG, 38 I BbgPolG, 23 I PolG NW, 30 I

위험방지 목적으로 수집된 정보를 범죄수사 목적으로 이용하거나 그 반대의 경우를 위한 근거를 마련하기도 한다.[30)]

주경찰법들은 개인정보의 제공에 대해서도 다수의 근거규정을 마련하고 있다. 정보제공 적법성 심사의 책임소재를 정하고,[31)] 정보제공에 있어서의 목적구속의 원칙을 강조하며,[32)] 경찰 간 정보제공, 경찰 이외 위험방지기관에 대한 정보제공, 기타 공공기관에 대한 정보제공, 외국 공공기관에 대한 정보제공, 사인 및 비공공기관에 대한 정보제공, 경찰로의 정보제공 등을 구분하여 개인정보 제공의 요건을 달리 규정하고 있다.[33)] 대부분의 주경찰법들은 자동접속절차(공동망)에 대한 근거규정도 마련하고 있다.[34)]

정보의 대조는 경찰이 이미 알고 있는 내용과 비교하기 위하여 개인정보가 이용된다는 점에서 침해성이 비교적 경미하다고 볼 수도 있지만,[35)] 주경찰법들은 보충초안에서와 마찬가지로 이에 대한 근거규정을 별도로 마련하고 있다.[36)] 나아가 정보비교의 변형된 형태라고 할 수 있는 특정인을 확인하기 위한 기기상 대조(Rasterfahndung)도 대부분의 주경찰법들에

SPolG, 36a I BremPolG, 42 II BerlASOG 등 참조.

30) 예컨대 Art. 48 III BayPAG, 그 반대의 경우는 § 39 II BbgPolG, § 23 III PolG NW.

31) Art. 55 I BayPAG, §§ 41 I BWPolG, 41 III BbgPolG, 26 II PolG NW, 32 IV SPolG, 41 VI ThürPAG, 44 V BerlASOG 등 참조.

32) Art. 55 III BayPAG, §§ 41 II BWPolG, 41 I BbgPolG, 26 VII PolG NW, 32 I SPolG, 41 VI ThürPAG, 36c I BremPolG, 44 III BerlASOG 등 참조.

33) 그에 대한 일별은 Petri, Informationsverarbeitung im Polizei- und Strafverfahrensrecht, Rn. 411 ff. 참조.

34) Art. 63 BayPAG, §§ 46 BerlASOG, 49 BbgPolG, 35 SPolG, 42 ThürPAG, 36e BremPolG, 46 BerlASOG 등 참조.

35) Alberts/Merten, Gesetz über die Datenverarbeitung der Polizei, S. 246, Rn. 1; Meixner/Martell, Gesetz über die öffentliche Sicherheit und Ordnung des Landes Sachsen-Anhalt, 2. Aufl., S. 207, 30 Rn. 3.

36) Art. 43 I BayPAG, §§ 39 I BWPolG, 40 I BbgPolG, 25 PolG NW, 36 I SPolG, 43 I ThürPAG, 36h BremPolG, 28 BerlASOG 등 참조.

규정되어 있다.[37)

주경찰법들은 이들 권한규범 외에 개인정보의 정정·폐기 및 차단에 대한 규정도 두고 있다.[38)

4) 평가

보충초안의 제안 이래 주경찰법에서의 권한규범들은 개인정보의 보호와 효과적 위험방지의 조화를 지향하며 이루어진 것으로서, 개인정보보호라는 헌법적 요구에 부응하기 위한 입법자의 노력의 결과로 평가될 수 있다.[39) 비교적 최근의 개정들에서 주경찰법들은 경찰의 정보수집 등에 의한 사적 생활의 핵심영역(Kernbereich)에 대한 침해가 허용되지 않음을 명시하기도 한다.[40)

위에서 살핀 바와 같이 현재 주경찰법들은 개인정보에 대한 수집 등 처리에 관해 매우 상세한 권한규범을 두고 있고 이들 규정은 종래 독일 경찰 실무상 행해지거나 새롭게 그 필요성이 강조되는 거의 모든 형태의 개인정보에 대한 정보활동 및 수단을 대상으로 하고 있다. 이러한 권한 가운데 일부는 우리 법률에서도 명시적으로 규정을 마련할 필요가 있는 것도 있고, 일부는 우리의 법감정에 비추어 논란이 될 수 있는 것도 있다.

주경찰법에서 매우 세밀하게 정보수집 등의 요건을 정하고 있는 규정들은 위험의 효과적인 방지를 위한 수단으로서의 경찰 정보활동을 특히 침해성이 문제되는 개인정보와 관련하여 규율하는 것이 입법기술상 결코

---

37) Art. 44 BayPAG, §§ 46 BbgPolG, 31 PolG NW, 37 SPolG, 44 ThürPAG, 47 BerlASOG 등 참조.
38) Art. 45 BayPAG, §§ 46 BWPolG, 47 BbgPolG, 32 PolG NW, 38 SPolG, 36k BremPolG, 48 BerlASOG 등 참조.
39) Knemeyer, Datenerhebung und Datenverarbeitung im Polizeirecht, NVwZ 1988, S. 198.
40) 예컨대 Art. 49 BayPAG; § 16 PolG NW, 28d SPolG.

간단치 않음을 보여주고 있다. 이는 경찰의 정보활동이 불특정하고 폭넓게 관념된 '가상구상요건'(假像構成要件: Scheintatbestand)과 관련된, 구체적 위험 전 단계에서 주로 이루어진다는 특징에 그 이유가 있다.[41]

또한 주경찰법의 규정들은 대단히 복잡한 '규범망'(規範網: Normengeflecht)을 이루고 있다. 주경찰법들이 보여주는 방대하고 복잡한 규정들은 개인정보의 수집 등 처리에 관해 간명하면서도 효율적인 권한규범을 제정하는 것이 얼마나 어려운지를 보여주는 것이기도 하다.[42] 적법한 정보활동을 위해 촘촘하고 상세하게 마련된 규정이 실제 정보활동을 하는 경찰관에게는 그의 해석과 집행에 있어 과도한 부담이 될 수도 있다. 분명한 법적 기준에 따라 효과적이며 적법한 정보활동이 이루어지도록 하려는 입법 취지가 제대로 구현되기 어려울 수도 있는 것이다.[43]

4 경찰관 직무집행법에서의 보완 방향

1) 정보활동의 내용과 범위를 보다 구체화하는 일반적 근거 규정의 마련

침해적 조치로서 행해지는 정보의 수집 등 처리에 대해서 권한규범이 마련되어야 한다는 점에는 의문이 없다. 그러나 경찰관 직무집행법 기존 다른 조항들과 균형을 이루면서 필요한 권한들을 적절히 규정하는 것은

---

41) Denninger/Petri, Normenklarheit und Normbestimmtheit im Polizeirecht − Sieben Thesen, S. 22.
42) Knemeyer, Datenerhebung und Datenverarbeitung im Polizeirecht, S. 199.
43) Denninger/Petri, Normenklarheit und Normbestimmtheit im Polizeirecht − Sieben Thesen, S. 16; Riegel, Zu Stand und Entwicklungstendenzen des informationellen Befugnisrechts zur polizeilichen Aufgabenerfllung, DÖV 1994, S. 816 참조.

간단한 문제가 아니다. 경찰관 직무집행법은 주지하는 바와 같이 1950년대에 제정된 후 기본적 체계나 본질적 내용에 있어 큰 변화가 없었고, 현재 보편적으로 인정되는 경찰법 혹은 행정법 이론에서 요구하는 수준의 입법과는 상당한 괴리가 있다.[44] 대표적으로 임무와 권한의 분리가 명확하지 않은 점, 필요한 개별수권조항들을 충분히 갖추고 있지 못한 점, 제1차적 조치로서의 행정행위와 제2차적 조치로서의 강제의 구별이 이루어지고 있지 않은 점 등이 그러하다. 이와 같은 경찰관 직무집행법에 정보활동에 관한 권한규범만을 상세히 규정하는 경우 기존 규정들과 조화와 균형을 이루지 못한다. 독일에서와 같은 정보활동 권한규범을 − 별도의 법률로서 제정하는 것은 별론으로 하고 − 적어도 현재의 경찰관 직무집행법에 모두 마련하기는 어렵다고 본다.

이러한 이유에서 추상적이고 포괄적으로 정보활동을 정한 임무규범에 더하여 보다 구체적으로 범위, 대상, 내용 등을 밝히며 경찰이 정보의 수집 등 처리를 할 수 있도록 하는 일반적 근거 규정을 기존 권한규범들로 분류될 수 있는 조문들의 위치에 별도로 두는 방안을 고려해 볼 수 있다.[45] 이는 경찰관 직무집행법이 독일 주경찰법에서와 같은 전체적으로 체계적이고 완비된 권한규범들을 갖추기 전까지의 일종의 과도기적 입법에 해당한다. 침해적 조치에 대한 수권조항으로서는 다소 포괄적이지만, 이와 같은 형태의 입법이 허용되지 않는 것은 아니다. 그것은 입법자의 '형성의 자유'(Gestaltungsfreiheit)에 속한다고 본다. 다만 후술하는 개인정보에 대한 정보활동을 수권하는 조항과 함께 규정되어야 한다.

이러한 규정을 두게 되면 현재와 같이 경찰에 의한 정보활동의 범위나

---

44) 같은 취지의 지적으로는 이성용/서정범, 경찰작용법 체계의 합리적 개선방안, 3면.
45) 경찰관 직무집행법 제8조의2에서 국제협력과 관련하여 "경찰청장 또는 해양경찰청장은 이 법에 따른 경찰관의 직무수행을 위하여 외국 정부기관, 국제기구 등과 자료 교환, 국제협력 활동 등을 할 수 있다."고 규정한 것이 이와 비슷한 예가 된다.

허용 여부에 대한 논란이 큰 상황에서 침해적 정보활동에 관한 보다 구체적인 기준을 제시하게 된다. 시행령 또는 시행규칙으로 정보활동을 규율함에 있어서도 이 규정에서 어느 정도 범위를 특정하여 그에 따라 보다 상세한 내용을 위임하는 근거로서 유용하게 활용할 수 있다. 또한 일종의 행정응원 방식으로 이루어질 수도 있는 경찰 정보활동의 근거와 범위가 보다 분명해질 수 있다.

2) 개인정보에 대한 수집 등 처리에 관한 권한 규정의 마련

경찰은 위험의 방지와 범죄의 수사를 담당하는 임무의 특성상 개인정보를 대상으로 하는 정보활동을 활발히 수행하게 된다. 헌법재판소가 개인정보자기결정권을 명시적으로 인정하고 개인정보보호가 헌법적 요구사항임이 확인된 현재, 경찰에 의한 개인정보의 수집 등 처리에 법률에 의한 수권이 필요하다는 것은 단지 정책적 요망사항이 아닌 헌법이 명하는 바가 되었다. 우리 법제에서의 법치행정 관념의 뿌리가 되고, 법률유보원칙의 해석 및 적용이 매우 유사한 독일에서 개인정보의 수집 등 처리에 대한 충분히 특정된 권한규범들을 주경찰법들에 두는 것도 바로 이런 까닭이다.

그러나 개인정보의 수집 등 처리에 관한 권한들을 현재의 경찰관 직무집행법에 상세하게 규정하는 것은 결코 쉽지 않다. 개인정보에 관한 정보활동의 요건과 방식을 정교하게 규정하기 위한 상당한 노력이 필요할 뿐만 아니라, 이들 권한들을 필요한 만큼 상세히 규정하는 경우 당장은 기존 경찰관 직무집행법의 구성과 조화를 이루기 어렵다. 또한 전술한 바와 같이 독일 주경찰법에서와 같은 복잡하고 상세한 조문이 경찰관의 적법한 정보활동에 실질적인 도움이 될 수 있는지에 대한 의구심도 있다. 책상에 앉아 있는 법률가가 아닌 규범을 현장에서 신속하게 적용하여만 하는, 직접 활동하는 경찰관의 입장에서 정보활동에 대한 규율이 지나치게 복잡하고 세분화되어 있는 경우 오히려 규범명확성원칙에 반하는 결과가 될 수도 있는 것이다.

현실적인 방안으로 정보활동의 내용과 범위를 보다 구체화하는 위의 일반적 규정을 마련하면서 그 범위에서 필요한 개인정보에 대한 수집 등 처리 권한 역시 일반적으로 수권하며, 개인정보보호법에서의 개인정보보호에 관한 규정들을 준용하도록 하는 규정을 함께 두는 것을 생각해 볼 수 있다.

헌법재판소는 지문정보결정에서 "오늘날 정보화사회로의 급속한 진전에 따라 개인정보보호의 필요성이 날로 증대하고 있는 현실에 비추어 볼 때, 경찰청장이 지문정보를 보관·전산화하고 이를 범죄수사목적 등에 이용하기 위해서는 그 보관·전산화·이용의 주체, 목적, 대상 및 범위 등을 법률에 구체적으로 규정함으로써 그 법률적 근거를 보다 명확히 하는 것이 바람직하다."고 지적하면서도, "공공기관의 개인정보보호에 관한 법률 제10조 제2항 제6호는 컴퓨터에 의하여 이미 처리된 개인정보뿐만 아니라 컴퓨터에 의하여 처리되기 이전의 원 정보자료 자체도 경찰청장이 범죄수사목적을 위하여 다른 기관에서 제공받는 것을 허용하는 것으로 해석되어야 하고, 경찰청장은 같은 법 제5조에 의하여 소관업무를 수행하기 위하여 필요한 범위 안에서 이를 보유할 권한도 갖고 있으며, 여기에는 물론 지문정보를 보유하는 것도 포함된다. 따라서 경찰청장이 지문정보를 보관하는 행위는 공공기관의 개인정보보호에 관한 법률 제5조, 제10조 제2항 제6호에 근거한 것으로 볼 수 있고, 그 밖에 주민등록법 제17조의8 제2항 본문, 제17조의10 제1항, 경찰법 제3조 및 경찰관직무집행법 제2조에도 근거하고 있다."고 하여 지문정보의 보관 등 행위에 대하여 개인정보보호법을 원용하면서 법률유보원칙의 적용에 있어 비교적 관대한 태도를 취한 바 있다.

이와 같은 헌법재판소의 논리는 비판의 소지가 있지만, 개인정보보호라는 현대 정보사회에서 꼭 필요로 하는 요구사항은 긍정하되 법률유보의 엄격한 적용이 가져올 현실적 파장을 고려하여 타협점을 찾은 결과라고 할 수 있다. 개인정보에 대한 경찰 정보활동에서 법률유보에 관한 헌법재판소의 이러한 입장이 여전히 유효하다면, 경찰에 의한 개인정보의 수집 등 처리 권한을 일반적으로 명시하면서 개인정보보호와 관련하여 개인정보보호법의 규정을 따르도록 하는 정도의 입법은 현행 경찰관 직무집행법에 자연스럽게 수용될 수 있는 형태가 된다.

물론 종국적으로는 기본권의 보장과 필요한 정보활동이 균형을 이루는 개별 권한규범들이 마련되어야 한다. 개인정보에 대한 수집 등 처리가 규범명확성원칙에 따라 충분히 특정된 법률적 수권을 요한다는 문제에 대한 인식은 과도기적 입법에 머무르는 것이 아니라 다른 경찰상 표준조치들의 개선과 함께 입법적 완비를 추구하는 쪽으로 귀결되어야 하기 때문이다.

제8장

결론

제8장

결론

경찰관 직무집행법 제2조가 정보활동과 관련하여 제4호에서 치안정보의 수집·작성 및 배포를 임무로 명시하고 있지만, 이러한 규정이 없다 하더라도 동조에서 지정한 범죄의 예방·진압 및 수사, 공공의 안녕과 질서의 유지 등 여러 경찰 임무의 수행에 필요한 정보활동 역시 경찰작용 영역 내의 것으로 인정된다. 앞서 검토한 외국의 법제에서도 경찰의 정보활동이 경찰 임무로서 인정됨을 알 수 있다.

입법자는 제4호의 규정을 둠으로써 경찰이 임무 수행에 필요한 정보활동을 할 수 있음을 분명히 하고 있지만, 위험방지나 범죄수사 목적 이외의 특별한 의미를 갖는다고 보기는 어렵다. 현행 규정의 적용과 집행에 있어 입법 목적에 맞는 정보활동이 이루어질 수 있도록 규정의 정확한 해석과 엄정한 준수에 노력하여야 한다.

제4호를 대체하여 정보활동에 관한 임무규범을 새롭게 마련하는 경우, 복잡·다양하고 미처 예상하지 못한 상황까지 포괄할 수 있어야 하고 기존 임무들에 대한 지정 형태와의 균형도 고려하여야 한다. 결과적으로 추상적이고 포괄적이면서 간결한 모습을 띠게 된다. 이와 같은 정보활동 임무규범에 있어서는 부득이 공공의 안녕, 공공의 질서, 위험, 추상적 위험·구체적 위험, 위험의심 등과 같은 개념들의 활용이 검토되어야 한다. 이들 개념은 서로 유기적으로 결합하여 예방임무로서의 정보활동을 충분히 포섭하며 동시에 적절한 범위로 한계지우는 유용한 도구가 된다. 다행히 이들 개념에 대해서는 오랫동안 그 의미와 내용이 학술적으로 매우 깊이 연구되어 상당한 정도의 규명이 이루어지고 있다.

새로운 임무규범을 둠에 있어서는 현행 경찰관 직무집행법상 경찰의 임무로 되어 있는 작용에 필요한 정보활동이 모두 포함될 수 있도록 하여야 한다. 다만 진압임무로서의 범죄 수사를 위한 정보활동과 관련하여서는 이와 같은 요청은 그리 강하지 않다. 또한 정보활동 임무지정은 고양된 기본권 보호의 요청, 증대된 안전에 대한 요구 등 변화된 현대 사회에서 법치주의의 실현과 안전의 확보가 조화를 이룰 수 있는 것이어야 한다. 이를 위해서는 전통적인 구체적 위험의 방지만이 아닌, 위험 앞쪽 단계에서의 정보활동도 일정한 한계 내에서 가능케 하여야 한다.

구체적 입법 형태로서 i) 기존 열거된 임무 수행에 필요한 정보활동, ii) 범죄 및 경찰상 보호법익에 대한 위험을 방지하기 위한 정보활동, iii) 공공의 안녕에 대한 위험의 예방 및 대응을 위한 정보활동 세 가지 방안을 검토한바, 실제 입법 시 조문을 구성함에 있어 '정보활동' 대신 '정보의 수집 등 처리'와 같이 작용을 좀 더 구체적으로 적시하며 규정할 수 있다. 세 가지 방안 가운데 i)의 경우 분명하면서도 간결하게 정보활동 영역을 설정할 수 있고 ii)에서는 정보활동의 목적과 범위를 보다 명확하게 설정하게 된다는 장점이 있지만, 양자 모두 위험 앞쪽 단계에서 필요한 정보활동들이 포함될 수 있는가의 논란이 일 가능성이 있다. iii)과 같은 규정에서는 구체적 위험 앞쪽 단계에서 미리 위험발생의 가능성을 차단하고 위험에 대비하는 정보활동을 보다 분명하게 포괄할 수 있다. 물론 무한히 확장될 수 있는 것은 아니며, 추상적 위험의 개념징표나 의험의심의 적법요건에 의해 한계지워진다. 다만 장래 범죄의 수사 등 형사소추를 사전대비하기 위한 정보활동까지 포함하는 데에는 여전히 난점이 있다. 형사소추의 사전대비를 위한 정보활동은 기존 제2호 범죄수사 임무로부터 도출하여야 한다.

임무규범을 개선하여 정보활동의 영역과 범위를 적절하게 설정하는 경우에도 그에 따른 침해적 정보수집 등 처리를 위해서는 별도의 권한규범이 마련되어야 한다. 그러나 정보활동에 관한 권한규범들을 상세히 규정하는 경우 기존 조문들과 균형이 잘 맞지 않는다는 문제가 있다. 종국적으로는 기본권의 보장과 필요한 정보활동이 조화를 이루는 개별 권한규범들이 완비되어야 하지만, 우선 추상적이고 포괄적으로 정보활동을 정한 임무규범에 더하여 보다 구체적으로 범위, 대상, 내용 등을 밝히며 정보의 수집 등 처리를 할 수 있도록 하는 일반적 근거 규정을 두는 방안을 제안한다. 이 경우 그 범위에서 필요한 개인정보에 대한 수집 등 처리 권한 역시 일반적으로 수권하고, 개인정보보호법에서의 개인정보보호에 관한 규정들을 준용하도록 하는 조항도 함께 마련하여야 한다.

경찰의 지문정보 수집 등에 관한 헌법재판소 결정에 대한 평석

정보활동 사례

정보활동
사례

경찰의 지문정보 수집 등에 관한
헌법재판소 결정에 대한 평석*

Ⅰ 서(序)

지문은 손가락 끝마디 안쪽에 있는 피부의 무늬 또는 그것이 어떤 물건에 남긴 흔적으로서, 사람마다 각기 다르며 태어날 때의 모양이 평생 변하지 않는다. 낮은 오차율과 빠른 검증의 가능성, 간편하고 저렴한 비용 등의 장점을 갖고 있어 현재 가장 효율적인 신원확인 내지 생체인식의 수단으로 평가되고 있다. 이러한 지문의 수집과 이용 등은 경찰임무의 수행에 있어 중요한 비중을 차지한다.

---

* 이 평석은 행정법연구 제18호(2007. 8)에 게재되었던 저자의 논문("지문정보의 경찰작용법적 문제")을 － 본문에서 부분적으로 언급하고 있기는 하지만 － 경찰정보활동 실제에서의 법적 쟁점에 대한 독자의 이해를 위하여 일부 수정하여 수록한 것이다. 내용 가운데 경찰관 직무집행법, 공공기관의 개인정보보호에 관한 법률, 주민등록법 등의 구(舊) 법령과 구 독일 주경찰법의 규정은 사례 검토의 필요상 수정하지 않고 그대로 두고 있다.

지문은 "살아 있는 개인에 관한 정보로서 성명, 주민등록번호 및 영상 등을 통하여 개인을 알아볼 수 있는 정보", 즉 개인정보(개인정보 보호법 제2조 제1호)에 포함된다. 개인정보보호가 첨예한 문제가 되고 있는 오늘날 경찰의 정보활동은 경찰의 임무와 권한 등을 규율하는 경찰작용법의 주요한 규율대상이 되며, 개인정보로서의 지문정보 역시 경찰작용법의 고찰대상이 된다. 헌법재판소는 2005. 5. 26. 선고, 99헌마513(2004헌마190병합) 결정(평석 '대상결정')에서 주민등록발급신청서에서의 열 손가락 지문 날인, 날인된 지문의 경찰로의 송부 및 범죄수사목적이용의 위헌성 여부에 대하여 판단한 바 있다. 동결정은 지문정보에 있어서의 개인정보보호 문제를 다루고 있어 헌법재판소가 경찰 정보활동에 대하여 취하고 있는 입장을 확인할 수 있다.

헌법재판소는 동결정에서 지문수집 등의 기본권제한에 있어서 법률유보원칙의 충족 여부에 대하여 판단하고 있고, 그에 대한 설시 내용은 경찰 정보활동에서 문제되는 경찰임무, 개인정보보호, 침해(Eingriff)의 관념, 임무와 권한의 분리, 경찰관 직무집행법 제2조의 일반수권조항성 여부, 비례원칙 등과 관련이 있다. 이 점에서 동결정은 경찰 정보활동 임무에 관한 최고 헌법해석기관의 견해를 살필 수 있는 기회를 제공한다.

정보활동에 대한 이론적 논의가 활발하게 이루어지고 있음에도 불구하고, 실제 재판에서 여러 경찰작용법적 문제가 직접 다루어지는 예는 그다지 많지 않다. 이 점에서 동결정에 대한 검토는 학설에서 논의되는 내용을 되새기며 보다 정교한 법리를 정립함에 도움이 될 수 있다. 이하에서는 먼저 동결정의 내용을 개략적으로 언급하고, 정보활동에서의 경찰작용법적 문제들을 검토한다.

II 대상결정의 내용

1. 99헌마513(2004헌마190병합)사건의 개요

1) 99헌마513사건

청구인 오○○, 같은 홍○○은 주민등록법 제17조의8 및 주민등록법시행령 제33조 제2항에 의하여 이미 주민등록증을 발급받은 사람들로서, 사회운동단체인 ○○○○○○연대와 ○○○○연대에 각 소속되어 있으면서 1999. 6.초경부터 주민등록증 일제갱신을 계기로 지문날인반대운동을 해오고 있다. 위 청구인들은 주민등록증을 발급받을 당시 자신들이 주민등록증발급신청서에 날인함으로써 만들어진 열 손가락의 지문정보를 피청구인 경찰청장(이하 '경찰청장'이라 한다)이 보관·전산화하고 이를 범죄수사목적에 이용하는 공권력행사로 인하여 자신들의 인간의 존엄과 가치, 행복추구권, 인격권, 신체의 자유, 사생활의 비밀과 자유, 개인정보자기결정권 등을 침해받았다고 주장하면서, 1999. 9. 1. 그 위헌확인을 구하는 이 사건 헌법소원심판을 청구하였다.

2) 2004헌마190사건

청구인 이○○, 같은 최○○, 같은 정○○는 모두 17세가 되어 주민등록법 제17조의8 제1항에 의하여 주민등록증 발급대상자가 된 사람들로서, 주민등록증 발급신청을 하라는 통지를 받고 각 관할 동사무소를 방문하였으나 담당공무원들로부터 주민등록법시행령 제33조 제2항에 의한 별지 제30호 서식을 근거로 주민등록증발급신청서에 열 손가락 지문을 날인할 것을 요구받게 되자 이를 거부하였다. 주민등록법 제17조의8 제3항, 제21조의4 제2항·제3항에 의하면, 위 청구인들은 발급신청기간 내에 주민등록증의 발급을 신청하여야 하고, 정당한 사유 없이 그 기간 내에 신청을 하

지 아니한 경우에는 5만 원 이하 또는 10만 원 이하의 과태료에 처하도록
되어 있다. 위 청구인들은 주민등록법시행령 제33조 제2항에 의한 별지
제30호 서식 중 열 손가락의 회전지문과 평면지문을 날인하도록 한 부분
과 주민등록법시행규칙 제9조 중 주민등록증발급신청서를 송부하도록 한
부분이 자신들의 인간의 존엄과 가치, 행복추구권, 인격권, 신체의 자유,
사생활의 비밀과 자유, 개인정보자기결정권, 양심의 자유 등을 침해한다고
주장하면서, 2004. 3. 11. 그 위헌확인을 구하는 이 사건 헌법소원심판을
청구하였다.

2. 심판의 대상

이 사건 심판의 대상은 청구인 이○○, 같은 최○○, 같은 정○○(이하
'청구인 이○○ 등'이라 한다)에 대하여는 ① 주민등록법시행령 제33조 제2
항에 의한 별지 제30호 서식 중 열 손가락의 회전지문과 평면지문을 날인
하도록 한 부분(이하 '이 사건 시행령조항'이라 한다) ② 주민등록법시행규칙
제9조 중 주민등록증발급신청서를 송부하도록 한 부분(이하 '이 사건 시행규
칙조항'이라 한다), 청구인 오○○, 같은 홍○○(이하 '청구인 오○○ 등'이라
한다)에 대하여는 ③ 경찰청장이 청구인 오○○ 등의 주민등록증발급신청
서에 날인되어 있는 지문정보를 보관·전산화하고 이를 범죄수사목적에
이용하는 행위(이하 '경찰청장의 보관 등 행위'라 한다)의 각 위헌 여부이다.

3. 결정요지(저자요약)

헌법소원심판은 공권력의 행사 또는 불행사로 인하여 헌법상 보장된
기본권을 침해받은 자가 청구할 수 있는바, 여기에서 기본권을 침해받은
자라 함은 공권력의 행사 또는 불행사로 인하여 자기의 기본권이 현재 그
리고 직접적으로 침해받은 자를 의미하며, 지문날인을 거부한 청구인 이

○○ 등으로서는 이 사건 시행규칙조항에 의하여 자신들의 기본권을 현재 침해받고 있다고 볼 여지가 없다. 따라서 이 사건 시행규칙조항에 대한 이 부분 심판청구는 기본권침해의 자기관련성 및 현재성 요건을 결여한 것으로서 부적법하다.

개인정보자기결정권은 자신에 관한 정보가 언제 누구에게 어느 범위까지 알려지고 또 이용되도록 할 것인지를 그 정보주체가 스스로 결정할 수 있는 권리, 즉 정보주체가 개인정보의 공개와 이용에 관하여 스스로 결정할 권리를 말하는바, 개인의 고유성, 동일성을 나타내는 지문은 그 정보주체를 타인으로부터 식별가능하게 하는 개인정보이므로, 시장·군수 또는 구청장이 개인의 지문정보를 수집하고, 경찰청장이 이를 보관·전산화하여 범죄수사목적에 이용하는 것은 모두 개인정보자기결정권을 제한하는 것이다. 주민등록법 제17조의8 제2항 본문은 주민등록증의 수록사항의 하나로 지문을 규정하고 있을 뿐 "오른손 엄지손가락 지문"이라고 특정한 바가 없으며, 이 사건 시행령조항에서는 주민등록법 제17조의8 제5항의 위임규정에 근거하여 주민등록증발급신청서의 서식을 정하면서 보다 정확한 신원확인이 가능하도록 하기 위하여 열 손가락의 지문을 날인하도록 하고 있는 것이므로, 이를 두고 법률에 근거가 없는 것으로서 법률유보의 원칙에 위배되는 것으로 볼 수는 없다.

공공기관의 개인정보보호에 관한 법률 제10조 제2항 제6호는 컴퓨터에 의하여 이미 처리된 개인정보뿐만 아니라 컴퓨터에 의하여 처리되기 이전의 원 정보자료 자체도 경찰청장이 범죄수사목적을 위하여 다른 기관에서 제공받는 것을 허용하는 것으로 해석되어야 하고, 경찰청장은 같은 법 제5조에 의하여 소관업무를 수행하기 위하여 필요한 범위 안에서 이를 보유할 권한도 갖고 있으며, 여기에는 물론 지문정보를 보유하는 것도 포함된다. 따라서 경찰청장이 지문정보를 보관하는 행위는 공공기관의 개인정보보호에 관한 법률 제5조, 제10조 제2항 제6호에 근거한 것으로 볼 수 있고, 그 밖에 주민등록법 제17조의8 제2항 본문, 제17조의10 제1항, 경찰법 제3조 및 경찰관 직무집행법 제2조에도 근거하고 있다.

경찰청장은 개인정보화일의 보유를 허용하고 있는 공공기관의 개인정보보호에 관한 법률 제5조에 의하여 자신이 업무수행상의 필요에 의하여 적법하게 보유하고 있는 지문정보를 전산화할 수 있고, 지문정보의 보관은 범죄수사 등의 경우에 신원확인을 위하여 이용하기 위한 것이므로, 경찰청장이 지문정보를 보관하는 행위의 법률적 근거로서 거론되는 법률조항들은 모두 경찰청장이 지문정보를 범죄수사목적에 이용하는 행위의 법률적 근거로서 원용될 수 있다. 따라서 이 사건 시행령조항 및 경찰청장의 보관 등 행위는 모두 그 법률의 근거가 있다.

이 사건 지문날인제도가 범죄자 등 특정인만이 아닌 17세 이상 모든 국민의 열 손가락 지문정보를 수집하여 보관하도록 한 것은 신원확인기능의 효율적인 수행을 도모하고, 신원확인의 정확성 내지 완벽성을 제고하기 위한 것으로서, 그 목적의 정당성이 인정되고, 또한 이 사건 지문날인제도가 위와 같은 목적을 달성하기 위한 효과적이고 적절한 방법의 하나가 될 수 있다.

범죄자 등 특정인의 지문정보만 보관해서는 17세 이상 모든 국민의 지문정보를 보관하는 경우와 같은 수준의 신원확인기능을 도저히 수행할 수 없는 점, 개인별로 한 손가락만의 지문정보를 수집하는 경우 그 손가락 자체 또는 지문의 손상 등으로 인하여 신원확인이 불가능하게 되는 경우가 발생할 수 있고, 그 정확성 면에 있어서도 열 손가락 모두의 지문을 대조하는 것과 비교하기 어려운 점, 다른 여러 신원확인수단 중에서 정확성·간편성·효율성 등의 종합적인 측면에서 현재까지 지문정보와 비견할만한 것은 찾아보기 어려운 점 등을 고려해 볼 때, 이 사건 지문날인제도는 피해최소성의 원칙에 어긋나지 않는다.

이 사건 지문날인제도로 인하여 정보주체가 현실적으로 입게 되는 불이익에 비하여 경찰청장이 보관·전산화하고 있는 지문정보를 범죄수사활동, 대형사건사고나 변사자가 발생한 경우의 신원확인, 타인의 인적사항도용 방지 등 각종 신원확인의 목적을 위하여 이용함으로써 달성할 수 있게 되는 공익이 더 크다고 보아야 할 것이므로, 이 사건 지문날인제도는 법익의 균형성의 원칙에 위배되지 아니한다.

결국 이 사건 지문날인제도가 과잉금지의 원칙에 위배하여 청구인들의 개인정보자기결정권을 침해하였다고 볼 수 없다.

Ⅲ 평석

1. 지문의 송부, 보관 및 이용과 경찰임무

일종의 작용법으로 이해되는 경찰관 직무집행법은 이미 오래전부터 제2조에 경찰관의 직무에 대하여 규정하고 있고, 이와 같이 임무에 대한 규정을 작용법에 마련한 예는 독일의 주경찰법에서 발견할 수 있다. 다만 우리법제의 경우 조직법으로 이해되는 경찰법이 제3조에서도 경찰의 임무에 대해서 정하고 있는바, 이는 종래 행정기관의 관할권에 대한 규정을 조직법에 포함시키던 입법형태의 연장선에서 이루어진 것으로 보인다.

이 사건 심판대상 가운데 '이 사건 시행령조항'에 의한 작용, 즉 주민등록법시행령 제33조 제2항에 의한 별지 제30호 서식 중 열 손가락의 회전지문과 평면지문을 날인하도록 한 부분은 경찰의 임무로서 적법성 여부를 검토할 사항은 아니다. 동규정의 문언에 따르면 지문의 날인이 경찰의 업무협조요청 혹은 위탁에 의하여 이루어지는 것이 아니라 순전히 관할 행정기관(시장·군수·구청장)의 독자적 업무로서 수행되는 것이기 때문이다(주민등록법 제17조의8 제1항 참조). 따라서 이 작용은 임무와 관련한 경찰작용법적 고찰에 있어서는 특별히 문제되지 않는다.

그에 비해서 '이 사건 시행규칙조항'에 의한 작용, 즉 주민등록법시행규칙 제9조에 따라 주민등록증발급신청서를 경찰에 송부하는 것, 그리고 경찰청장이 청구인 오○○ 등의 주민등록증발급신청서에 날인되어 있는 지문정보를 보관·전산화하고 이를 범죄수사목적에 이용하는 것은 경찰작용법적 문제로서 검토된다. 전자의 경우 지문정보의 경찰로의 전달(Übermittlung)이라는 점에서,[1] 후자의 경우 경찰 자신의 보관 및 이용이라는 점에서 경찰에 의한 개인정보에 대한 작용이며, 이것이 적법하기 위해서는 법률이 정한 경찰의 활동범위, 즉 임무규범 내의 것인지가 문제되기 때문이다.

경찰의 정보활동에 대해서는 반드시 이를 별도로 명시한 임무규범은 필요치 않다. 임무규범에 의한 경찰임무의 지정으로 경찰의 작용영역이 설정되고, 임무수행에 수반되는 정보활동 역시 이 영역에 포함된다고 보기 때문이다. 경찰법 제3조와 경찰관 직무집행법 제2조는 치안정보의 수집·작성·배포에 대하여 정하고 있지만 이러한 규정이 없다 하더라도 경찰법 제3조와 경찰관 직무집행법 제2조가 공공의 안녕과 질서 유지 그리고 범죄수사를 경찰의 임무로서 지정하고 있으므로 공공의 안녕과 질서 유지 그리고 범죄수사에 수반되는 정보활동은 경찰의 활동범위 내에 있게 된다.

헌법재판소는 대상결정에서 지문정보에 대한 경찰의 활동을 임무규범과 관련하여 별도로 검토하지 않고 곧바로 근거법률(수권규정)의 존재 여부에 대해서만 판단하고 있다. 이는 헌법재판소가 후술하는 바와 같이 경찰작용에 대한 법률적 규율에 있어서 임무와 권한의 분리원칙을 반드시 전제하고 있는 것은 아니라는 것을 나타낸다.

---

1) 참고로 독일의 보충초안(§ 10c VII VEMEPolG)과 주경찰법들(예컨대 Art. 42 I BayPAG, § 44 VII S. 1 BerlASOG, § 45 I BbgPolG, § 33 III BremPolG, § 30 I PolG NRW)은 다른 공공기관의 경찰로의 정보제공에 대해서 규정하고 있다.

2. 예방임무와 진압임무의 구별문제

경찰임무에 포함되는 정보활동은 내용적으로 이른바 예방경찰로서의 작용, 즉 예방임무와 진압경찰로서의 작용, 즉 진압임무로 구분될 수 있다. 사고발생 시의 신원확인, 범죄예방 등의 목적으로 행해지는 정보활동은 위험방지 혹은 위험방지의 준비로서 예방임무의 예에 해당하고, 수사 및 형사소추목적으로 행해지는 정보활동은 진압임무에 해당된다. 경찰에 의한 예방임무와 진압임무의 수행은 그 작용의 목적과 시점에서 차이가 있으며, 그에 따라 근거법규, 작용에 대한 최종적 관할 내지 지휘권, 법적 구제절차 등이 달라질 수 있다.

헌법재판소는 이 사건 본안에 대한 판단에서 "주민등록제도 일반에 관한 입법목적 외에도 치안상 필요한 특별한 경우에는 신원이나 거주관계를 확인하기 위하여 주민등록증을 제시하도록 함으로써 간첩이나 불순분자를 용이하게 식별 색출하여 반공태세를 강화하고 행정상 주민등록증을 활용할 수 있도록 하여 행정능률과 주민의 편의를 도모한다는 점이 입법목적으로 고려되었음을 알 수 있다. 따라서 주민등록증제도, 나아가 지문날인 제도의 입법목적으로는, 주민의 거주관계 파악 및 행정사무의 적정, 간이한 처리라는 주민등록제도 일반에 관한 입법목적 외에도 치안유지나 국가안보가 보다 적극적으로 고려된 것이고, 이러한 입법목적에는 날인된 지문의 범죄수사목적상 이용도 포함됨은 자명하다 할 것이다."고 하여 지문정보의 수집 및 보관의 목적을 밝히고 있다. 그러나 헌법재판소의 이러한 목적설명은 예방임무와 진압임무가 갖는 차이를 깊게 고려하지 않은 것으로서 조금 더 정교한 논리의 전개가 필요했다고 본다.

치안유지 혹은 국가안보를 위한 경찰의 작용으로는 이미 행하여진 구체적 범죄에 대한 수사도 포함될 수 있을 것이다. 이 점에서 헌법재판소의 설시가 잘못된 것은 아니다. 다만, 범죄와 관련하여 치안유지나 국가안보를 이해하는 경우 이미 행하여진 범죄를 밝혀내는 작용, 즉 수사만이 아니라, 국가기관과 법질서의 무사온전 그리고 개인의 생명 및 신체의 안녕 등을 확보하기 위한 범죄혐의 발생 이전의 경찰활동도 포함되며, 오히려 이러한 활동이 더 강조될 수 있다. 또한 치안유지와 국가안보의 확보는 반드시 범죄행위와 관련된 법익 손상의 방지만이 아닌 범죄 이외의 사정에 의한 손상발생 개연성의 차단에 의해서도 행해진다. 따라서 치안유지 혹은 국가안보를 위한 경찰의 작용이라 하더라도 내용상 예방임무와 진압임무로 구별되며, 치안유지 혹은 국가안보를 위한 지문에 대한 경찰의 작용 역시 예방임무와 진압임무로 구별될 수 있는 것이다. 지문정보와 관련된 경찰의 활동이 어떤 임무를 위한 것이냐에 따라 법적 규율이 달라질 수 있음에도 헌법재판소는 이 점을 깊이 고려하지 않고 있다.

3. 경찰작용법제에서의 개인정보보호의 요구

현재 개인정보보호는 경찰작용법에서 가장 활발히 논의되는 주제 가운데 하나이며, 경찰실무에서도 이 문제에 각별한 주의를 기울이고 있다. 헌법재판소의 결정은 헌법해석과 관련하여 모든 국가기관을 구속하는 것이며, 헌법재판소가 이 사건에서 개인정보보호에 관하여 제시하고 있는 내용은 개인정보에 대한 경찰작용법적 규율의 전제가 된다. 대상결정은 경찰작용으로서의 개인정보의 수집 등 처리에 있어 개인정보의 보호가 헌법적 요구사항이며, 경찰작용법적 규율에 있어 반드시 고려되어야 할 것임을 확인하고 있다.

대상결정에서 헌법재판소가 개인정보보호를 검토하고 있는 틀은 헌법재판소에 의하여 새롭게 제시된 것은 아니며, 대부분 학설에서 먼저 논의되어 오던 것이다. 저자는 이미 다른 글에서[2] 대상결정에서 나타난 헌법

---

2) 김성태, 특정금융거래정보의 보고 및 이용 등에 관한 법률에서의 개인정보보호의 문제, 행정법연구 제15호(2006. 5), 147면 이하.

재판소의 입장을 설명한 바 있지만, 경찰작용에 있어 과연 어느 정도로 개인정보보호가 요구되는지에 대한 이해를 위하여 여기에서 다시 언급하기로 한다.

개인정보보호의 헌법적 근거와 관련하여 헌법재판소는 개인정보자기결정권을 새로운 독자적 기본권으로 승인하면서 이 기본권이 헌법 제17조의 사생활의 비밀과 자유, 헌법 제10조 제1문의 인간의 존엄과 가치 및 행복추구권에 근거를 둔 일반적 인격권 또는 위 조문들과 동시에 우리 헌법의 자유민주적 기본질서 규정 또는 국민주권원리와 민주주의원리 등을 이념적 기초로 한다고 선언하고 있다. 또한 이러한 개인정보자기결정권을 헌법상 승인하는 것은 현대의 정보통신기술의 발달에 내재된 위험성으로부터 개인정보를 보호함으로써 개인의 결정의 자유를 보호하기 위하여 필요한 최소한의 헌법적 보장장치라고 밝히고 있다. 이는 독일연방헌법재판소가 인구조사법판결 및 그 이후의 판결들에서[3] 일반적 인격권을 정보자기결정권의 근거로 하고 있는 것과는 차이가 있는 것이지만, 종래의 국내 다수견해와는 달리 독일의 정보자기결정권의 논리에 더 가까이 간 것으로 볼 수 있다.

헌법재판소는 개인정보자기결정권을 "자신에 관한 정보가 언제 누구에게 어느 범위까지 알려지고 또 이용되도록 할 것인지를 그 정보주체가 스스로 결정할 수 있는 권리" 또는 "정보주체가 개인정보의 공개와 이용에 관하여 스스로 결정할 권리"라고 정의하고 있다. 헌법재판소의 이와 같은 개념정의는 인구조사법판결에서의 정보자기결정권의 개념과 대단히 유사한 것이다.

헌법재판소에 따르면 개인정보자기결정권의 보호대상이 되는 개인정보는 개인의 신체, 신념, 사회적 지위, 신분 등과 같이 개인의 인격주체성을 특징짓는 사항으로서 그 개인의 동일성을 식별할 수 있게 하는 일체의 정

---

3) BVerfGE 65, 1(43); 67, 100(142); 80, 367(372).

보를 말하며, 반드시 개인의 내밀한 영역이나 사사(私事)의 영역에 속하는 정보에 국한되지 않고 공적 생활에서 형성되었거나 이미 공개된 개인정보까지도 포함된다. 이는 보호의 대상이 되는 개인정보의 범위가 정보의 민감성(Sensibilität) 혹은 정보가 유래된 영역(Sphäre)에 따라 달라지는 것은 아니라는, 인구조사법판결에서 독일연방헌법재판소가 취한 입장과 궤를 같이하는 것이다.

헌법재판소가 개인정보자기결정권의 보호대상이 되는 정보에 공개된 정보를 포함시키고 있는 것은 공개적으로 이루어지는 개인의 활동에 대한 정보의 경우에도 그것이 지속적이고 체계적으로 수집·처리되고 다른 개인정보들과 결합되는 경우 개인의 전체 인격성이 쉽게 드러날 수 있다는 점을 인정한 것이다. 다만 헌법재판소가 개인정보자기결정권의 근거를 일반적 인격권에 한정하지 않고 사생활의 비밀과 자유까지도 포함시키면서도 보호대상이 되는 개인정보를 공적 생활에서 형성되었거나 이미 공개된 개인정보까지도 포함된다고 하는 것은 논리적으로 반드시 매끄러운 것은 아니라고 할 것이다.

헌법재판소는 개인정보를 개인의 동일성을 식별할 수 있게 하는 일체의 정보라고 정의하면서도 교육정보시스템(NEIS) 결정에서[4] 개인정보가 인간의 존엄성이나 인격의 내적 핵심, 내밀한 사적 영역에 근접하는 민감한 개인정보와 사회생활 영역에서 노출되는 것이 자연스러운 정보로 나뉠 수 있고 각 정보에 따라 개인정보자기결정권에 대한 제한의 허용성 내지 엄격한 보호의 대상성이 달라질 수 있다고 한다. 발달된 네트워크의 현대 정보사회에서 개인정보가 순전히 정보주체인 개인에게만 국한되기 어려운 점을 고려하면, 헌법재판소처럼 보호대상으로서의 개인정보의 범위를 일체의 정보로 설정하는 것은 정보환경이 보여주는 현실과 법적 규율의 실제간 괴리를 노정할 수 있다. 헌법재판소는 바로 이러한 문제점 때문에 개

---

4) 헌법재판소 2005. 7. 21. 선고, 2003헌마282 결정.

인정보에 대한 보호의 정도에 있어 사회적 관련성의 결합을 시도하고 있는 것으로 보인다.

4. 경찰의 개인정보에 대한 작용과 법률유보

헌법재판소는 개인정보를 대상으로 한 조사·수집·보관·처리·이용 등의 행위는 모두 원칙적으로 개인정보자기결정권에 대한 제한에 해당한다고 한다. 이는 예컨대 수집목적과 다른 목적을 위하여 행해진 행정청 간의 개인정보의 교부에서와 같이 행정기관 간에 이루어져 국민에 대하여 일방적으로 명령·강제하는 것처럼 보이지 않는 경우에도 공권력의 행사에 의한 기본권의 침해에 해당한다는 점을 분명히 한 것이다. 경찰행정법학에서는 이미 경찰의 개인정보에 대한 활동에 있어 개인정보의 수집목적과 다른 목적을 위하여 이루어지는 행정기관 간 개인정보의 교환에 있어 규율효과(Regelungseffekt)는 없다 하더라도 외부적인 효력이 있고,[5] 기본권제한성이 있다는 점에 대해서 지적하고 있다.[6]

대상결정에 따르면 경찰청장의 보관 등 행위와 같이 헌법상의 기본권으로 인정되는 개인정보자기결정권을 제한하는 공권력의 행사에는 반드시 법률에 그 근거가 있어야 한다. 이는 법률유보원칙이 경찰의 개인정보에 대한 작용에도 적용됨을 분명히 한 것이다. 다만 헌법재판소는 법률유보의 원칙은 '법률에 의한 규율'을 요청하는 것이 아니라 '법률에 근거한 규율'을 요청하는 것으로서 기본권 제한에 법률의 근거가 필요할 뿐이고 기본권 제한의 형식이 반드시 법률의 형식일 필요는 없다고 하고, 지문정보 보관행위의 법률적 근거가 구비되어 있는지의 여부를 판단함에 있어 지문정보의 내용과 특성 및 그로 인한 기본권제한의 정도가 고려되어야 한다고 한다. 또한 경찰청장이 지문정보를 보관하는 행위와 관련하여 요청되

5) Schenke, Polizei- und Ordnungsrecht, Rn. 267.
6) 김성태, 경찰행정의 작용형식, 경찰법연구 제3호(2005. 10), 6면 이하 참조.

는 법률에 의한 규율의 밀도 내지 수권법률의 명확성의 정도는 그다지 강한 것이 아니며, 지문정보의 보관행위 및 범죄수사목적 이용행위가 법률유보원칙에 반하지 않는다고 하고 있다.

헌법재판소는 대상결정에서 "오늘날 정보화사회로의 급속한 진전에 따라 개인정보보호의 필요성이 날로 증대하고 있는 현실에 비추어 볼 때, 경찰청장이 지문정보를 보관·전산화하고 이를 범죄수사목적 등에 이용하기 위해서는 그 보관·전산화·이용의 주체, 목적, 대상 및 범위 등을 법률에 구체적으로 규정함으로써 그 법률적 근거를 보다 명확히 하는 것이 바람직하다."고 지적하면서도, 지문정보의 보관 등 행위에 대하여 법률유보원칙을 적용함에 있어서는 비교적 관대한 태도를 취하고 있다. 이는 개인정보보호라고 하는 현대 정보사회에서 꼭 필요로 하는 요구사항은 긍정하되 법률유보의 엄격한 적용이 가져올 현실적 파장을 고려하여 타협점을 찾은 결과라 할 수 있다.

그러나 헌법재판소가 제시하고 있는 근거규정의 논리는 비판의 소지가 있고(그 점에 대해서는 아래 6.에서 다시 논한다), 향후 개인정보에 대한 활동을 경찰작용법제에서 보완함에 있어 바람직하지 않은 영향을 미칠 수 있다. 헌법재판소의 개인정보자기결정권 관념에 강하게 영향을 미치고 있는 독일의 경우 인구조사법판결 이후 주경찰법들이 개인정보의 수집 및 처리에 대하여 상세한 입법적 보완을 행함으로써 법률유보원칙을 구현하려 하고 있음에 비하여, 대상결정에서 헌법재판소가 보여주고 있는 판단의 모습은 우리 경찰법제에서 독일에서와 같은 입법적 보완을 기대하기 어렵게 한다.

5. 임무와 권한의 분리 문제

헌법재판소는 경찰청장이 개인의 지문정보를 보관·전산화하여 범죄수사목적에 이용하는 것은 모두 개인정보자기결정권을 제한하는 것이라고 선언하고 있는바, 이러한 작용은 경찰행정법학에서 말하는 이른바 '권리침해적 조치'(eingreifende Maßnahme)에 해당한다. 경찰의 권리침해적 조치에 대해서는 단지 임무규범만이 아닌 별도의 수권, 즉 권한규범(Befugnisnorm)이 필요하다는 것이 현재 독일의 입법례 및 학계의 태도이고, 그에 영향받은 국내 행정법학계의 일반적 견해이다. 또한 임무와 권한의 분리원칙에 따라 종래와는 달리 경찰관 직무집행법 제2조 제5호의 일반수권조항성을 인정하는 견해가 많지 않고, 오히려 경찰관 직무집행법 제5조 제1항 제3호를 유추하거나 별도의 일반수권조항의 도입이 필요하다는 견해 등이 나타나고 있다.

헌법재판소는 "주민등록법 제17조의10 제1항은 '사법경찰관리가 범인의 체포 등 그 직무를 수행함에 있어서 17세 이상인 주민의 신원 또는 거주관계를 확인할 필요가 있는 경우에는 주민등록증의 제시를 요구할 수 있다. 이 경우 사법경찰관리는 주민등록증을 제시하지 아니한 자로서 신원을 증명하는 증표나 기타 방법에 의하여 그 신원이나 거주관계가 확인되지 아니한 자에 대하여는 범죄의 혐의가 있다고 인정되는 상당한 이유가 있을 때에 한하여 인근 관계관서에서 그 신원이나 거주관계를 밝힐 것을 요구할 수 있다.'라고 규정하고 있다. 위 조항의 전문은 사법경찰관리가 범죄수사를 하는 경우 등에 지문을 신원확인 용도로 활용할 수 있도록 한 규정으로 볼 수 있고, 그 후문의 경우 경찰관서에서 지문 등 주민등록증 수록사항에 관한 정보를 확보하고 있어야만 비로소 그 효과적인 집행이 가능하다고 할 수 있다. 그 밖에 경찰법 제3조 및 경찰관 직무집행법 제2조는 범죄의 예방·진압 및 수사, 치안정보의 수집을 경찰의 임무 내지 경찰관의 직무의 하나로 규정하고 있다. 그렇다면 경찰청장이 청구인 ○○ 등의 지문정보를 보관하는 행위는 주민등록법 제17조의8 제2항 본문, 제17조의10 제1항, 경찰법 제3조 및 경찰관직무집행법 제2조에도 근거하고 있는 것으로 볼 수 있다."고 하여 경찰청장이 지문정보를 보관하는 행위의 법률적 근거가 존재한다고 설시하고 있다.

이러한 설시로는 헌법재판소가 경찰법 제3조 혹은 경찰관 직무집행법 제2조를 임무규범만으로 본 것인지 아니면 동시에 권한규범으로까지도 보고 있는 것인지 명확하지 않다. 이들 규정이 임무 혹은 직무만을 정하는 규정이고 권리침해적 작용 그 자체는 주민등록법 제17조의10 제1항에 의한다는 것인지, 아니면 (주민등록법 제17조의10 제1항과 더불어) 직접 지문정보보관이라는 권리침해적 조치의 수권규정이 된다는 것인지 불분명한 것이다. 만약 헌법재판소가 경찰법 제3조나 경찰관 직무집행법 제2조를 권한규범 내지 수권규정으로 이해한 것이라면 이는 국내학계에서 현재 통상적으로 이해하고 있는 것과는 다른 입장이 된다. 그에 비해서 헌법재판소 반대의견은 임무와 권한의 분리입장을 취하면서 경찰법 제3조 및 경찰관 직무집행법 제2조의 일반수권조항적 성격을 명확하게 부정하고 있다.[7]

　　집행경찰 이외의 행정의 작용영역에서도 개인의 기본권 침해가 민감하게 문제되는 경우가 있을 수 있고, 현재 모든 법률이 행정관청의 임무를 정하고 이러한 임무의 수행을 위한 별도의 권한규정을 체계적으로 마련하고 있는 것은 아니다. 이 점에서 임무와 권한의 분리가 경찰작용을 관장하는 법률에서만 반드시 이루어져야 하는지의 의문이 제기될 수도 있다. 그러나 지극히 포괄적으로 공공의 안녕과 질서의 유지라고 하는 경찰의 활동범위를 정하고 있는 경찰작용법 혹은 조직법상의 규정으로부터 동시에 임무범위 내에서 행하는 경찰의 권리침해적 조치까지도 수권된다고 하는 것은 옳지 않다.

　　경찰의 활동은 위험방지를 위하여 대단히 다양하게 행해질 수 있고 이

---

7) "경찰법 제3조는 경찰청은 치안에 관한 사무를 관장한다는 경찰의 조직법이며, 경찰관직무집행법 제2조는 경찰관의 일반적인 직무집행의 범위를 규정한 것에 불과하다. 이러한 법규정들이, 중앙행정기관인 경찰청장이 구체적인 범죄 수사나 신원확인의 필요성과 상관없이 17세 이상 모든 국민의 주민등록증발급신청서상 지문원지를 송부받아 보관할 수 있는 근거규정이라고 해석할 수는 없다. 그리하면 정보이용의 주체, 목적과 범위 등을 구체적으로 특정하여 규율하여야 할 개인정보자기결정권의 본질에 반하기 때문이다."

들 활동의 종류를 법률에서 일일이 규정하는 것은 입법기술적으로 곤란할 뿐만 아니라 또한 반드시 바람직한 것도 아니다. 따라서 경찰활동의 범위에 대해서는 일반적 임무지정에 의하여 그 테두리를 정할 수 있게 하고, 그 영역 내에서 이루어지는 비권리침해적 작용 역시 별도의 수권규정이 없더라도 적법한 것으로서 허용할 것이다. 그에 비해서 그 요건과 한계가 개개의 경우 달리 정해져야 할 권리침해적 경찰활동에 대해서는 임무지정과 구별되는 별도의 수권규정을 법률에 마련하여야 한다. 기본권 침해적인 경찰작용을 임무규범과 분리된 별도의 권한규범을 통하여 규제함으로써 실질적 법치주의의 실현에 한 발 더 가까이 갈 수 있는 것이다. 이러한 까닭에서 헌법재판소가 경찰법상의 임무와 권한의 분리원칙에 대해서 명확하게 언급하지 않은 것은 아쉬움이 있다.

또한 만약 헌법재판소가 경찰법 제3조나 경찰관 직무집행법 제2조를 직접 지문보관행위의 수권규정으로 해석한 것인 경우에는 개별수권조항이 갖는 '차단효'(Sperrwirkung für die Generalbefugnis)의 관점에서도 문제가 제기될 수 있다. 권리침해적 조치에 대한 개별적 수권규정들이 정한 요건을 충족하지 못하여 당해 수권규정에 근거한 경찰작용이 이루어질 수 없는 경우, 다시 일반수권조항에 의하여 권리침해적 조치가 행해질 수는 없다. 그것이 가능하다면 이는 입법자가 개별적 수권규정을 마련하여 기본권제한의 (강화된) 요건과 한계를 별도로 설정한 취지를 몰각시키기 때문이다.[8] 기왕의 경찰작용법제에서 개인정보자기결정권에 대한 침해의 수권규정들이 정교하게 마련되어 있지 않은 상태에서 헌법재판소가 경찰법 제3조나 경찰관 직무집행법 제2조를 직접 지문정보에 대한 경찰작용의 (일반적) 수권규정으로 원용한 것이라면, 이는 지문정보와 관련하여 입법자가 행할, 개인정보자기결정권 제한에 대한 구체적 판단을 헌법재판소가 '선

---

8) Knemeyer, Polizei- und Ordnungsrecht, Rn. 157; Rachor, Das Polizeihandeln, Rn. 782 참조.

취'하는 결과가 되며, 헌법재판소의 입법자에 대한 '후견인'으로서의 역할
이 지나치게 나타난 것은 아닌지 의문이 든다.

6. 지문정보 보관 및 이용에 대한 근거법률의 문제

전술한 바와 같이 헌법재판소는 경찰청장의 지문정보보관 등 행위가
모두 법률에 근거를 두고 있다고 한다. 이는 경찰에 의한 지문정보의 보관
및 이용에 대한 기왕의 현실을 고려한 것이기는 하지만, 그 구체적 논거는
수긍하기 어려운 면이 있다. 헌법재판소는 법률유보와 관련하여 지문정보
가 갖는 정보의 내용과 특성 그리고 기본권제한의 정도를 고려하여 법률
유보의 충족 여부에 대한 판단이 이루어져야 한다고 하면서, 지문정보의
객관성, 전문적인 감식능력이 있는 경우에만 그 정보주체의 확인이 가능
하다고 하고, 개인정보가 정보주체로부터 정보수집자에게 전달되는 과정
에서 내용이 왜곡될 가능성이 없다고 하여 법률에 의한 규율의 밀도 혹은
수권법률의 명확성의 정도를 강하게 요구하지 않고 있다.

지문은 얼굴, 성문, 홍채, 망막, DNA 등과 같이 "개인의 고유한 특징
으로부터 얻어지는 정보", 이른바 생체정보(biometric information)로 분류
된다.[9] 생체정보는 살아 있는 사람의 신체적 특징을 이용하는 것이기 때
문에 수집과정에서 신체의 자유에 대한 직접적인 침해를 가져오거나, 사
람들에게 심리적 거부감을 불러일으킬 수 있다.[10] 이 점은 개인정보로서
의 지문의 수집·보관·이용에 대한 침해성과[11] 법적 규율을 판단함에 있
어 고려되어야 할 하나의 특징이다. 또한 지문정보를 통하여 명확하게 개

---

9) 생체정보의 요건 및 특징, 주요 활용례에 대해서는 이창범, 생체 프라이버시보호
   원칙에 관한 연구, 인터넷법률 제31호(2005. 9), 20면 이하 및 23면 이하 참조.
10) 위의 글, 29면.
11) 미국의 경우 판례는 대체적으로 정부에 의한 일반시민의 지문날인에 대하여 프
    라이버시의 침해가 아니라고 한다. 정연덕, 생체인식 여권(BIO PASSPORT)의
    활용과 문제점, 인터넷법률 제24호(2004. 7), 168면 참조.

인의 사생활을 파악하는 것이 가능하고, 개인정보자기결정권이라는 기본
권이 우선적으로 대국가와의 관계에서 본질적인 의미를 갖는 것이며 국가
기관으로서의 경찰은 바로 최고의 전문적 감식능력을 갖고 있다.[12] 이러
한 점들을 고려하면 지문정보에 대한 경찰의 보관 및 이용은 헌법재판소
가 제시하고 있는 정도의 법규정들보다는 좀 더 명확한 법률적 근거를 필
요로 한다고 볼 것이다.

독일의 경우 주경찰법들은 신원확인 혹은 범죄의 예방적 퇴치를 위한
감식조치(erkennungsdienstliche Maßnahmen)의 하나로서 지문의 채취를
명시적으로 규정하고 있고,[13] 형사소송법 제81b조 역시 형사소추절차에
서의 지문채취를 규정하고 있다. 지문정보의 활용을 위하여 "AFIS"(Auto-
matisiertes Fingerabdruck – System: 자동화된 지문시스템)를 운용하고 있고,
연방수사청법(Bundeskriminalamtgesetz) 제8조 제6항이 AFIS의 법률적 근
거가 된다.[14]

대상결정의 반대의견 역시 "지문은 개인의 신체의 일부분이므로, 그 속
성상 언제 어디서나 개인은 지문을 남겨 두고 다니고 있어 개인의 지문정
보를 모두 가지고 있는 국가나 기업, 타인은 개인의 행위나 사생활을 추적
할 수 있는 여지가 있고, 그 가능성이 알려지거나 스스로 인식하게 되는
경우 개인의 일반적 행동의 자유에 제약을 가져오는 등 개인의 인격과 자
유는 심히 위축될 수 있다. 따라서 헌법상 개인의 자유와 권리를 최대한
보장하기 위하여는 지문정보의 수집, 보관, 활용에 대하여 그 목적 · 대

---

12) 상대적이기는 하지만 지문과 같은 생체정보는 개인보다 기관이, 민간부문보다
공공부문이 보유 · 사용하는 경우 위험성이 더 큰 것으로 평가되고 있다고 지적
하는 문헌으로는 이창범, 앞의 글, 34면.

13) 예컨대 Art. 13 BayPAG, § 36 BWPolG, § 23 BerlASOG, § 13 BbgPolG, §
31 BremPolG, § 7 HmbDatPolG, § 19 HSOG, § 31 SOG MV, § 14 PolG
NRW.

14) Bäumler, Informationsverarbeitung im Polizei – und Strafverfahrensrecht,
Rn. 172; AFIS에 대해서는 Ahlf/Daub/Lersch/Störzer, Bundeskriminakgesetz,
Kommentar, 2000, § 3 Rn. 28.

상·범위·기한 등의 요건을 엄격하게 법률로 규율할 필요가 있다."고 하여 지문정보에 대한 엄격한 법률적 근거규정의 마련을 요구하고 있다.

주민등록법 제17조의8 제2항은 지문정보와 관련하여 주민등록발급기관이 주민등록증에 수록하는 것에 대하여만 규정하고 있을 뿐 경찰청장이 지문원지를 수집·보관할 수 있도록 직접 근거를 마련하고 있지 않다. 단지 법률의 위임 없이 주민등록법시행규칙 제9조가 시장 등으로 하여금 주민등록발급신청서를 관할 파출소장에게 송부하도록 정하고 있을 뿐이다. 동법 제17조의10 제1항 역시 사법경찰관리가 범인의 체포 등 직무수행상 필요한 경우 구체적인 거주관계나 신원확인을 위하여 주민등록증의 제시를 요구하거나 신원이나 거주관계를 밝힐 것을 요구할 수 있다는 점에 대한 근거가 될 뿐이다(반대의견 역시 이 점을 지적하고 있다). 요컨대 이들 규정은 경찰의 지문정보의 보관 및 이용의 근거규정이 되기 어렵다.

또한 공공기관의 개인정보보호에 관한 법률 제5조가 경찰이 지문정보를 보유할 수 있는 수권규정이라고 보기도 어렵다. 동규정은 목적이 특정되어 적법하게 수집된 정보를 공공기관이 그 소관업무를 수행하기 위하여 '필요한 범위 안에서만' 보유하여야 한다는 한계를 강조한 것으로 해석할 것이며, 결코 그 자체 독립적이고 포괄적으로 공공기관에게 모든 개인정보파일을 보유할 수 있는 권한을 수여한 규정이 아니다. 헌법재판소처럼 (경찰을 포함한) 공공기관으로 하여금 포괄적으로 개인정보파일을 보유할 수 있게 하는 근거규정으로 삼는다면, 극단적인 경우 공공기관은 애초에 수집권한이 없음에도 불구하고 개인정보를 개인정보파일로 만들기만 하면 보유할 수 있게 되고, 이는 구체적 사안에 따라 법률적 통제를 행함으로써 비로소 실현될 수 있는 개인정보의 보호를 불가능하게 만든다.[15]

---

15) 반대의견도 같은 논거에서 다수의견을 비판하고 있다: "개인정보보호법은 공공기관이 적법하게 보유하고 있는 개인정보를 전제로 이를 컴퓨터에 의하여 이용·처리하는 경우에 발생하는 개인정보에 대한 침해로부터 개인의 기본적 인권을 보호하고자 제정된 법률로서 컴퓨터에 의하여 처리되기 전의 원 정보자료

더욱이 공공기관의 개인정보보호에 관한 법률 제10조 제2항 제6호의 "범죄의 수사와 공소의 제기 및 유지에 필요한 경우"는 목적구속원리에 대한 예외로서 '구체적으로 특정된' 범죄와 관련하여 개인정보가 교부될 수 있음에 한정한 것으로 해석되어야 한다. 목적구속원리는 법률에 의하여 특정된 목적범위 내에서 개인정보의 수집이 이루어질 수 있고 이렇게 수집된 정보는 동일한 목적 내에서만 저장, 이용될 수 있음을 그 내용으로 한다. 수집과 다른 목적으로 개인정보를 이용 혹은 타기관에 교부하는 것은 법률이 이를 명시적으로 허용하는 경우에만 가능하다. 주민등록법에 의한 지문정보의 수집목적이 법률상 명확하게 나타나지도 않고 있는 상태에서 또다시 장래에 있을 언젠가의 형사소추를 위하여 지문정보가 보관될 수 있다고 해석하는 것은 목적구속원리와 관련하여 문제가 있다. 다른 법률에서 명시적으로 정하고 있지 않음에도 불구하고 동규정을 근거로 '구체적으로 특정된' 범죄의 수사·공소의 제기 및 유지가 아닌, 일반적인 범죄에 대한 대비, 이른바 '형사소추의 사전대비'(Straftatenverfolgungsvorsorge)를 위하여 지문정보의 교부가 허용될 수 있다는 것은 개인정보보호의 요구에 합치하기 어려운 것이다. 반대의견 역시 "같은 법 제10조 제2항 제6호에서 범죄의 수사와 공소의 제기 및 유지에 필요한 경우에는 개인정보화일을 다른 기관에 제공할 수 있다고 규정한 취지는, 범죄수사기관에서 어떤 수사대상자나 범죄혐의의 단서가 발견되어 수사상 필요한 경우 그 관련 개인정보를 보유하고 있는 기관의 장에게 그에 대한 소명과 함께 개

의 적법성 등을 규율하고자 하는 것은 아니다(개인정보보호법안에 대한 국회 행정위원회의 1993. 12. 심사보고서 참조). 같은 법 제5조에 따라 공공기관이 소관업무수행에 필요한 범위 내에서 개인정보화일을 만들어 보유하는 경우 거기에 담겨질 개인정보는 어디까지나 합법적으로 취득한 것이어야 한다. 만약 공공기관이 불법적으로 취득한 개인정보라도 일단 컴퓨터 화일로 만들어 놓으면 같은 법에 의해 보유가 정당화된다고 해석하는 것은 입법취지에 반하고, 개인정보의 수집·보관·처리·이용행위를 할 때에 당사자의 동의나 법률의 근거를 요한다는 개인정보자기결정권의 본질에 비추어도 용인할 수 없다."

인정보자료를 송부해 줄 것을 요청하여 특정 개인정보를 제공받을 수 있도록 하는 데 있는 것이지 수사기관에서 향후 범죄수사를 위하여 사전에 주민등록증발급신청서상 지문정보를 모두 송부받고 이를 전산화하여 범죄수사목적으로 활용하려는 데 있는 것은 아니다."고 언급하고 있는바, 지극히 타당한 지적이다.

요컨대 지문정보의 수집·보관과 전산화 및 범죄수사목적으로의 활용에 대해서는 헌법재판소가 대상결정에서 제시한 것보다는 더 구체적이고 명확한 법률적 근거가 필요했다고 본다.

7. 정보활동과 비례원칙

헌법재판소는 지문정보의 수집·보관·전산화·이용을 포괄하는 의미의 이 사건 지문날인제도가 목적의 정당성, 방법의 적정성, 피해의 최소성 및 법익의 균형성 등 모든 요건을 충족하였다고 보아, 이 사건지문날인제도가 과잉금지의 원칙에 위배하여 청구인들의 개인정보자기결정권을 침해하였다고 볼 수는 없다고 하고 있다. 헌법재판소는 이처럼 다른 여타의 기본권제한에서와 마찬가지로 개인정보자기결정권에 대한 제한의 한계로서 비례원칙의[16] 준수가 요구됨을 명확히 하고 있다. 이는 비례원칙을 개인정보에 대한 활동을 포함하여 경찰작용 전반의 기본원리로 인정하고 있는 경찰법학에서의 일반적 인식과 결과에 있어 차이가 없는 것이다.

---

16) 개인정보에 대한 작용에 있어서의 비례원칙은 국가기관에 의한 개인정보의 수집 등 처리가 추구하는 목적달성에 적합하고, 개인정보자기결정권을 최소한으로 침해하는 것이어야 하며, 수집 등 처리에서 추구하는 공익과 그로 인한 개인의 불이익 간에 합리적인 비례관계가 있어야 한다는 것이다. Tinnefeld/Ehmann, Datenschutzrecht, 3. Aufl., 86면 이하 참조.

독일 경찰법 약어

BayPAG	Gesetz über die Aufgaben und Befugnisse der Bayerischen Staatlichen Polizei: 바이에른주경찰의 임무와 권한에 관한 법
BayPOG	Gesetz über die Organisation der Bayerischen Staatlichen Polizei: 바이에른주경찰조직법
BbgPolG	Brandenburgisches Polizeigesetz: 브란덴부르크주경찰법
BerlASOG	Allgemeines Gesetz zum Schutz der öffentlichen Sicherheit und Ordnung in Berlin: 공공의 안녕과 질서의 보호에 관한 베를린주일반법
BremPolG	Bremisches Polizeigesetz: 브레멘주경찰법
BWPolG	Polizeigesetz für Baden-Württemberg: 바덴-뷔르템베르크주경찰법
HambDatPolG	Hamburgisches Gesetz über die Datenverarbeitung der Polizei: 경찰의 정보처리에 관한 함부르크주법
HambSOG	Hamburgisches Gesetz zum Schutz der öffentlichen Sicherheit und Ordnung: 공공의 안녕과 질서의 보호에 관한 함부르크주법
HSOG	Hessisches Gesetz über die ffentliche Sicherheit und Ordnung: 공공의 안녕과 질서에 관한 헤센주법
LVwG SH	Allgemeines Verwaltungsgesetz für das Land Schleswig-Holstein: 슐레스비히-홀슈타인주일반행정법
MEPolG	Musterentwurf eines einheitlichen Polizeigesetzes des Bundes und der Länder: 연방과 주의 통일적인 경찰법을 위한 모범초안

NdsSOG	Niedersächsisches Gesetz über die öffentliche Sicherheit und Ordnung: 니더작센주 공공의 안녕과 질서에 관한 법
PolG NRW	Polizeigesetz des Landes Nordrhein-Westfalen: 노르트라인-베스트팔렌주경찰법
RhPf POG	Polizei- und Ordnungsbehördengesetz von Rheinland-Pfalz: 라인란트-팔츠 경찰 및 질서행정청법
SächsPolG	Polizeigesetz des Freistaates Sachsen: 작센주경찰법
SOG LSA	Gesetz über die öffentliche Sicherheit und Ordnung des Landes Sachsen-Anhalt: 작센-안할트주 공공의 안녕과 질서에 관한 법
SOG MV	Gesetz über die öffentliche Sicherheit und Ordnung in Mecklenburg-Vorpommern: 메클렌부르크-포어포메른주 공공의 안녕과 질서에 관한 법
SPolG	Saarländisches Polizeigesetz: 잘란트주경찰법
ThürPAG	Thüringer Gesetz über die Aufgaben und Befugnisse der Polizei: 경찰의 임무와 권한에 관한 튀링겐주법
ThürPOG	Thüringer Gesetz über die Organisation der Polizei: 경찰조직에 관한 튀링겐주법
VEMEPolG	Vorentwurf zur Änderung des Musterentwurfs eines einheitlichen Polizeigesetzes des Bundes und der Länder: 연방과 주의 통일적인 경찰법모범초안의 변경을 위한 예비안

참고문헌

1. 저자 작성 문헌

김성태: 개인관련정보에 대한 경찰작용－독일 주경찰법에서의 규율, 경찰법연구 창간호, 2003년 6월, 96면 이하.

＿＿＿: 경찰의 정보활동 임무－외국 경찰법제와 경찰관 직무집행법에서의 고찰, 경찰학연구 제20권 제3호, 2020년 9월, 101면 이하.

＿＿＿: 경찰작용에서의 손실보상, 홍익법학 제19권 제4호, 2018년 12월, 453면 이하.

＿＿＿: 경찰행정의 작용형식, 경찰법연구 제3호, 2005년 10월, 3면 이하.

＿＿＿: 공법상 가택권, 홍익법학 제13권 제4호, 2012년 12월, 553면 이하.

＿＿＿: 독일경찰법 임무규범에서의 새로운 개념에 관한 고찰, 행정법연구 제8호, 2002년 8월, 267면 이하.

＿＿＿: 독일 주경찰법상 신분위장경찰공무원, 경찰법연구 제2호, 2004년 6월, 147면 이하.

＿＿＿: 미국의 경찰작용법, 홍익법학 제13권 제1호, 2012년 2월, 571면 이하.

＿＿＿: 예방적 경찰작용에서의 추상적 위험·구체적 위험, 행정법연구 제10호, 2003년 8월, 251면 이하.

＿＿＿: 운전면허수시적성검사와 개인정보보호, 행정법연구 제9호, 2003년 5월, 327면 이하.

＿＿＿: 위험 방지를 위한 출입－경찰관 직무집행법 제7조의 현황과 개정 방향에 대한 고찰, 홍익법학 제20권 제4호, 2019년 12월, 321면 이하.

＿＿＿: 위험에 대한 의심과 위험여부의 확인－법치주의에서의 안전을 위한 시론적 고찰, 행정법연구 제51호, 2017년 12월, 157면 이하.

＿＿＿: 이륜자동차에 대한 고속도로 등 통행금지의 정당성, 행정판례연구 XⅣ, 2009년 6월, 339면 이하.

＿＿＿: 지문정보의 경찰작용법적 문제－헌재 2005. 5. 26. 선고 99헌마513(2004헌마190병합) 결정에 대한 평석, 행정법연구 제18호, 2007년 8월, 615면 이하.

_____: 집회·시위 현장에서의 촬영에 대한 행정법적 근거와 한계, 경찰법연구 제6권 제2호, 2008년 12월, 100면 이하.

_____: 특정금융거래정보의 보고 및 이용 등에 관한 법률에서의 개인정보보호의 문제, 행정법연구 제15호, 2006년 5월, 135면 이하.

Kim, Seong－Tae: Datenschutz im deutschen und koreanischen Polizeirecht, Diss., 2001.

2. 국내 문헌

경찰청: 경찰개혁위원회 백서, 2018년.

_____: 경찰실무전서, 2000년.

강지은: 공생발전을 위한 경찰의 임무－프랑스의 행정경찰법제와 그 시사점, 경북대 법학연구원 법학논고 제42집, 2013년 5월, 69면 이하.

김남진/김연태: 행정법II, 2005년.

김동희: 행정법II, 2018년.

김연태: 치안정보의 효율적인 관리방안에 관한 연구, 치안연구소 연구보고서 2000－09, 2000년.

김재광: 경찰관직무집행법의 개선방안 연구, 한국법제연구원, 2003년.

김중권(역): 공법상의 리스크 조종(Di Fabio, Risikosteuerung im öffentlichen Recht － zwischen hoheitlicher Überwachung und regulierter Freiwilligkeit), 중앙법학 제6집 제3호, 2004년 10월, 457면 이하.

김현숙: 영국 PACE법 연구, 치안정책연구소, 2012년.

김철용: 행정법, 2011년.

박균성: 행정법론(하), 2018년.

박병욱: 독일 나찌시대 제국안전중앙청(Reichssicherheitshauptamt)의 긴 그림자－경찰과 정보기관간의 분리의 원칙, 경찰법연구 제11권 제2호, 2013년 12월, 249면 이하.

박윤흔: 최신행정법강의(하), 2001년.

서정범: 경찰법에 있어서 공공의 질서의 개념－성도덕에 관한 실증적 사례분석을 토대로 하여, 경찰학연구 제8호, 2005년 3월, 8면 이하.

_____: 경찰법에 있어서의 공공의 안녕의 개념, 공법학연구 제9권 제2호, 2008년, 331면 이하.

_____: 경찰의 행위형식으로서의 경찰명령과 경찰상의 행정행위, 안암법학 제8호, 1998 하반기, 105면 이하.

서정범(역): 독일경찰법론, 1998년.

서정범/박병욱(역): 쿠겔만의 독일경찰법, 2015년.

성낙인: 헌법학, 2016년.

손재영: 경찰법, 2018년.

안동인: 영국법상 경찰권행사의 근거와 한계, 공법학연구 제17권 제4호, 2016년 11월, 315면 이하.

오병두: 경찰의 일반정보활동에 대한 검토 – 경찰의 정책정보기능 강화론과 관련하여, 민주법학 제30호, 2006년 3월, 197면 이하.

_____: 정보경찰 개혁방안 – 경찰개혁위원회의 "경찰의 정보활동 개혁"권고안을 중심으로, 민주법학 제68호, 2018년 11월, 269면 이하.

유사원(柳四源): 查察警察提要, 1955년.

이기춘: 경찰법상 공공의 질서 개념의 재설정에 관한 연구, 공법학연구 제19권 제1호, 2018년 2월, 457면 이하.

_____: 경찰질서법상 위험개념 및 표현위험과 위험의 의심(서정범/김연태/이기춘, 경찰법연구, 2009년), 137면 이하.

이상학: 테러방지 수권규정과 기본권침해의 한계 – 독일연방수사청법의 테러방지권한에 대한 연방헌법재판소의 판결(2016.4.20.) 검토를 중심으로, 공법학연구 제17권 제3호, 2016년 8월, 109면 이하.

이상해(이상학): 경찰처분의 실질적 적법성에 관한 일고찰 – 독일법상 개괄수권조항의 구성요건적 측면을 중심으로, 경북대 법학연구원 법학논고 제40집, 2012년 10월, 301면 이하.

이성용: 경찰 정보활동의 법적 문제에 관한 해석론적 고찰, 경찰법연구 제10권 제1호, 2012년 6월, 125면 이하.

_____: 독일 경찰법상 공공질서 개념의 국내법적 수용, 경찰학연구 제12권 제2호, 2012년 6월, 3면 이하.

이성용/서정범: 경찰작용법 체계의 합리적 개선방안, 경찰청 연구보고서(2011. 10. 16), 2011년.

이수일: 신경찰관직무집행법, 1983년.

이순우: 프랑스의 행정경찰, 연세대 법학연구원 법학연구 제18권 제4호, 2008년 12월, 332면 이하.

이승민: 프랑스법상 '경찰행정에 관한 연구, 서울대 박사학위논문, 2010년.

이주락: 영국의 정보주도형 경찰활동 분석, 영미연구 제42집, 2018년 2월, 261면 이하.

이창무/김택수/문경환: 정보경찰의 갈등관리 전문화 방안에 관한 연구, 경찰청 정책연구용역 보고서, 2013년.

이창범: 생체 프라이버시보호 원칙에 관한 연구, 인터넷법률 제31호, 2005년 9월, 19면 이하.

장광호/김문귀: 영국의 범죄정보 기반 경찰활동에 관한 연구, 한국경호경비학회 제54호, 2018년 2월, 101면 이하.

장영민/박기석: 경찰관직무집행법에 관한 연구, 한국형사정책연구원, 1995년.

전 훈: 행정경찰개념과 공공질서의 의미, 한국프랑스학논집 제51집, 2005년 8월, 435면 이하.

정연덕: 생체인식 여권(BIO PASSPORT)의 활용과 문제점, 인터넷법률 제24호, 2004년 7월, 163면 이하.

정하중: 독일경찰법의 체계와 한국 경찰관직무집행법의 개선방향(상), 사법행정 제35권 제2호, 1994년 2월, 4면 이하.

_____: 행정법각론, 2005년.

홍정선: 경찰행정법, 2007년.

_____: 행정법원론(하), 2012년.

황규진: 치안정보의 개념에 관한 연구, 경찰학연구 제9권 제1호, 2009년 3월, 79면 이하.

3. 독일 문헌

Ahlf, Ernst－Heinrich/Daub, Ingo/Lersch, Roland/Störzer, Hans Udo: Bundeskriminakgesetz, Kommentar, 2000.

Alberts, Hans－Werner/Merten, Karlheinz: Gesetz über die Datenverarbeitung der Polizei, Kommentar, 1995.

Arzt, Clemens: Das Bayerische Versammlungsgesetz von 2008, DÖV 2009, S. 381 ff.

Bäumler, Helmut: J. Informationsverarbeitung im Polizei－ und Strafverfahrensrecht, in: Lisken/Denninger(Hrsg.), Handbuch des Polizeirechts, 3. Aufl., 2001, S. 735 ff.

Bleckmann, Albert/Eckhoff, Rolf: Der mittelbare Grundrechtseingriff, DVBl 1988, S. 373 ff.

Darnstädt, Thomas: Ein personenbezogener Gefahrbegriff － Analyse der Bedingungen des Bundesverfassungsgerichts an Vorfeld－Ermachtigungen im BKA－Gesetz, DVBl 2017, S. 88 ff.

_____: Gefahrenabwehr und Gefahrenvorsorge—Eine Untersuchung über Struktur und Bedeutung der Prognosetatbestände im Recht der öffentlichen Sicherheit und Ordnung, 1983.

_____: Karlsruher Gefahr—Eine kritische Rekonstruktion der polizeirechtlichen Ausführungen des Bundesverfassungsgerichts im Vorratsdaten—Urteil und im Online—Urteil, DVBl 2011, S. 263 ff.

Denninger, Erhard: Das Recht auf informationelle Selbstbestimmung—Folgerungen aus dem Volkszählungsgesetzurteil des Bundesverfassungsgerichts, in: Hohmann, Haraid(Hrsg.), Freiheitssicherung durch Datenschutz, 1. Aufl., 1987, S. 127 ff.

_____: E. Polizeiaufgaben, in: Lisken/Denninger(Hrsg.), Handbuch des Polizeirechts, 4. Aufl., 2007, S. 299 ff.

_____: Verfassungsrechtliche Grenzen polizeilicher Datenverarbeitung insbesondere durch das Bundeskriminalamt, CuR 1988, S. 51 ff.

Denninger, Erhard/Petri, Thomas Bernhard: Normenklarheit und Normenbestimmtheit im Polizeirecht-Sieben Thesen, in: Bäumler, Helmut(Hrsg.), Polizei und Datenschutz: Neupositionierung im Zeichen der Informationsgesellschaft, 1999, S. 13 ff.

Di Fabio, Udo: Gefahr, Vorsorge, Risiko—Die Gefarenabwehr unter dem Einfluss des Vorsorgeprinzips, Jura 1996, S. 566 ff.

Dreier, Horst: Erkennungsdienstliche Maßnahmen im Spannungsfeld von Gefahrenabwehr und Strafverfolgung, JZ 1987, S. 1009 ff.

Drews, Bill/Wacke, Gerhard/Vogel, Klaus/Martens, Wofgang: Gefahrenabwehr—Allgemeines Polizeirecht (Ordnungsrecht) des Bundes und der Länder, 9. Aufl., 1986.

Gallwas, Hans—Ullrich: Zum Prinzip der Erforderlichkeit im Datenschutzrecht, in: Haft, Fritjof(Hrsg.), Strafgerechtikeit, Festschrift für Artur Kaufmann zum 70. Geburtstag, 1993, S. 819 ff.

Gehring, Ingo: Innere Sicherheit-USA, Diss., 1999.

Geißdörfer, Josef W: V—Personen und Verdeckte Ermittler—Zwei unverzichtbare Ermittlungsinstrumente, Kriminalistik 1993, S. 679 ff.

Götz, Volkmar: Allgemeines Polizei— und Ordnugsrecht, 13. Aufl., 2001.

Gusy, Christoph: Das gesetzliche Trennungsgebot zwischen Polizei und

Verfassungsschutz, Die Verwaltung 1991, S. 467 ff.

_____: Das verfassungsrechtliche Gebot der Trennung von Polizei und Nachrichtendiensten, ZRP 1987, S. 45 ff.

_____: Polizeirecht, 6. Aufl. 2006.

Heußner, Hermann: Datenverarbeitung und Grundrechtsschutz, in: Hohmann, Harald(Hrsg.), Freiheitssicherung durch Datenschutz, 1. Aufl., 1987, S. 110 ff.

Hofmann – Riem, Wolfgang: "Anscheinsgefahr" und "Anscheinsverursachung" im Polizeirecht, in: Wacke, Gerhard(Hrsg.), Festschrift für Gerhard Wacke zum 70. Geburtstag, 1972, S. 327 ff.

Honnacker, Heinz/Bartelt, Axel: Drittes Gesetz zur Änderung des Polizeiaufgabengesetzes, BVBl 1991, S. 10 ff.

Ibler, Martin: Gefahrenverdacht und polizeiliche Generalklausel, in: Jochum/ Fritzemeyer/Kau(Hrsg.), Grenzüberschreitendes Recht – Crossing frontiers, Festschrift für Kay Hailbronner, 2013, S. 737 ff.

Knemeyer, Franz – Ludwig: Datenerhebung und Datenverarbeitung im Polizeirecht – Zur Fortentwicklung des Polizeirechts durch einen Ergänzungsentwurf zum Musterentwurf eines einheitlichen Polizeigesetzes, NVwZ 1988, S. 193 ff.

_____: Der Schutz der Allgemeinheit und der individuellen Rechte durch die Polizei– und Ordnungsrechtlichen Handlungsvollmachten der Exekutive, VVDStRL 1977, S. 221 ff.

_____: Funktion der Aufgabenzuweisungsnormen in Abgrenzung zu den Befugnisnormen, DÖV 1978, S. 11 ff.

_____: Polizei– und Ordnugsrecht, 10. Aufl., 2004.

_____: Rechtsgrundlagen polizeilichen Handelns – Grundlinien einer Polizeigesetzgebung in den neuen Bundesländern, LKV 1991, S. 321 ff.

_____: Vorsorge für die Gefahrenabwehr sowie die Straftatenverfolgung–Eine dritte polizeiliche Aufgabenkategorie, in: Kawazoe, Toshiyuki/Kobayashi, Hiroaki(Hrsg), Recht und Gerechtigkeit–Internationale Gedächtnisschrift für Georg Tagami, 1993, S. 131 ff.

Kniesel, Michael: Neuzuschnitt der Polizeigesetze zum Nachteil der Strafverfolgung?, in: Bull, Hans Peter(Hrsg.), Sicherheit durch Gesetze?, 1987, S. 105 ff.

Kniesel, Michael/Vahle, Jürgen: Fortentwicklung des materiellen Polizeirechts,

DÖV 1987, S. 953 ff.

Koranyi, Johannes/Singelstein, Tobias: Rechtliche Grenzen für polizeiliche Bildaufnahmen von Versammlungen, NJW 2011, S. 124 ff.

Kowalczyk, Anneliese: Datenschutz im Polizeirecht; Reaktionen der Gesetzgeber auf das Volkszählungsgesetzurteil des Bundesverfassungsgerichts, Diss., 1989.

Kunig, Philip: Der Grundsatz informationeller Selbstbestimmung, Jura 1993, S. 595 ff.

Lilie, Hans: Das Verhältnis von Polizei und Staatsanwaltschaft im Ermittlungs- verfahren, ZStW 1994, S. 625 ff.

Lisken, Hans: Die Polizei im Verfassungsgefüge, in: Lisken/Denninger(Hrsg.), Handbuch des Polizeirechts, 4. Aufl., 2007, S. 67 ff.

Losch, Bernhard: Zur Dogmatik der Gefahrenerforschungsmaßnahme, DVBl 1994, S. 781 ff.

Lübbe – Wolff, Gertrude: Die Grundrechte als Eingriffsabwehrrechte: Struktur und Reichweite der Eingriffsdogmatik im Bereich der staatlichen Leistungen, 1. Aufl., 1988.

Meixner, Kurt/Martell, Jörg – Michael: Gesetz über die öffentliche Sicherheit und Ordnung des Landes Sachsen – Anhalt (SOG LSA): mit Erläuterlungen und ergänzenden Vorschriften, 2. Aufl., 1996.

Merten, Karlheinz/Merten, Heike: Vorbeugende Verbrechensbekämpfung, ZRP 1991, S. 213 ff.

Neumann, Dieter: Vorsoge und Verhältnismäßigkeit – die kriminalpräventive Informationserhebung im Polizeirecht, Diss., 1994.

Ossenbühl, Fritz: Die Kontrolle von Tatsachenfeststellungen und Prognoseent- scheidungen durch das Bundesverfassungsgericht, in: von Starck(Hrsg.), Bundesverfassungsgericht und Grundgesetz, Bd. I, 1976, S. 458 ff.

Peitsch, Dietmar: Die Informationsbeschaffung im neuen Polizeirecht, ZRP 1992, S. 127 ff.

Petri, Thomas Bernhard: Der Gefahrerforschungseingriff, DÖV 1996, S. 443 ff.

_____: H. Informationsverarbeitung im Polizei– und Strafverfahrensrecht, in: Lisken, Hans/Denninger, Erhard(Hrsg.), Handbuch des Polizeirechts, 4. Aufl., 2007, S. 825 ff.

Pieroth, Bodo/Schlink, Bernhard: Grundrechte: Staatsrecht II, 13. Aufl., 1997.

Pitschas, Rainer: Fortentwicklung des Polizeirechts und Legalität des Staates, in: Dautert(Hrsg.) Polizeirecht heute, Schriftenreiche der Polizeiführungsakademie 1991. 4, S. 7 ff.

Poscher, Ralf: Der Gefahrenverdacht, NVwZ 2001, S. 141 ff.

Pütter, Norbert/Dierderichs, Otto: V−Personen, Verdeckte Ermittler, NoePs, qualifizierte Scheinaufläufer und andere, Bürgerrechte & Polizei 1994, S. 24 ff.

Rachor, Frederik: F. Das Polizeihandeln, in: Lisken/Denninger(Hrsg.), Handbuch des Polizeirechts, 4. Aufl., 2007, S. 399 ff.

Rid, Urban/Hammann, Wolf: Grenzen der Gefahrenabwehr im Umweltrecht, UPR 1990, S. 281 ff.

Riegel, Reinhard: Datenschutz bei den Sicherheitsbehörden, 2. Aufl., 1992.

_____: Zu Stand und Entwicklungstendenzen des informationellen Befugnisrechts zur polizeilichen Aufgabenerfüllung−Licht, Schatten und Hoffnung, DÖV 1994, S. 814 ff.

Ringwald, Gerhard: Gegenpol zu Inpol?−Computer bei der Justiz, ZRP 1988, S. 178 ff.

Sailer, Wolfgang: M. Haftung für Polizeikosten, in: Lisken/Denninger(Hrsg.), Handbuch des Polizeirechts, 4. Aufl., 2007, S. 1235 ff.

Schäfer, Herbert: Die Prädominanz der Prävention−Ein Beitrag zu den Grundlagen der theoretischen Kriminalstrategie, GA 1986, S. 49 ff.

Schenke, Wolf−Rüdiger: Polizei− und Ordnungsrecht, in: Udo Steiner(Hrsg.), Besonders Verwaltungsrecht, 5. Aufl., 1995, S. 175 ff.

Schoch, Friedrich: Gefahrenabwehr nach der Generalklausel, JuS 1994, S. 667 ff.

Schoreit, Armin: Keine Rechtsgrundlagen der zentralen Datenverarbeitung des Bundeskriminalamts, CuR 1986, S. 224 ff.

Siebrecht, Michael: Die polizeiliche Datenverarbeitung im Kompetenzstreit zwischen Polizei− und Prozeßrecht, JZ 1996, S. 711 ff.

Sternberg−Lieben, Detlev: „Genetischer Fingerabdruck" und § 81a StPO, NJW 1987, S. 1242 ff.

Tettinger, Peter J.: Administrativer Prognosespielraum, DVBl 1982, S. 421 ff.

Tinnefeld, Marie−Theres/Ehmann, Eugen: Datenschutzrecht, 3. Aufl., 1998.

Vahle, Jürgen: Zum Vorentwurf zur Änderung des Musterentwurfs eines einheitlichen Polizeigesetzes des Bundes und der Länder, VR 1987, S. 69 ff.

Wagner, Heinz: Kommentar zum Polizeigesetz von Nordrhein-Westfalen und zum Musterentwurf eines einheitlichen Polizeigesetzes des Bundes und der Länder, 1987.

Walker, Michael: Abstrakte und konkrete Gefahr, Diss., 1994.

Wapler, Friederike: Alles geklärt? Überlegungen zum polizeirechtlichen Gefahrenerforschungseingriff, DVBl 2012, S. 86 ff.

Wolff, Hans J./Bachof, Otto: Verwaltungsrecht III, 1973.

Wolter, Jürgen: Heimliche und automatisierte Informationseingriffe wider Datengrundrechtsschutz, GA 1988, S. 49-90 und S. 129-142.

Würtenberger, Thomas/Heckmann, Dirk/Riggert, Rainer: Polizeirecht in Baden-Württemberg, 4. Aufl., 1999.

Würz, Kahl: Polizeiaufgaben und Datenschutz in Baden-Württemberg, 1. Aufl., 1993.

4. 영미 문헌

Barnett, Hilaire: Constitutional & Administrative Law, 10th ed., 2013.

Black, Hery Cambel: Black's Law Dictionary, 1990.

Bradley, Anthony Wilfred/Ewing, Keith D: Constitutional and Administrative Law. 15th ed., 2011.

Corpus Juris Secundum, 16A Constitutional Law, 2011.

Gaines, Larry K./Kappeler, Victor E.: Policing in America, 5th ed., 2010.

Halsbury's Laws of England 84A(Police and Investigatory Powers), 5th ed., 2013.

Karst, Kenneth: Consent Decree, in: Levy/Karst/Winkler(eds.), Encyclopedia of the American Constitution. 2, 2nd ed., 2000.

Moore, James A.: Constitutional Law for Police Officers, Boston, 1998.

Schmalleger, Frank: Criminal justice today, 2014.

5. 일본 문헌

松華堂編輯部 編, 治安警察敎本, 松華堂書店, 1936년.

攻法学会 編, 警官実務必携, 東京出版社, 1912년.

저자약력

서울대학교 법과대학 졸업
서울대학교 대학원 법학과 졸업(법학석사) 및 박사과정 수료
독일 Würzburg 대학교 법학박사(Dr. iur., summa cum laude)

국회 입법지원위원
서울시교육청 행정심판위원
Duke University School of Law, visiting scholar
(사)한국경찰법학회 회장
(사)행정법이론실무학회 회장

현재)
홍익대학교 법과대학 교수
서울시 행정심판위원
서울경찰청 손실보상심의위원

경찰 정보활동 임무 - 경찰관 직무집행법의 해석과 개선 -

초판발행   2021년 4월 1일
중판발행   2022년 12월 30일

지은이   김성태
펴낸이   안종만 · 안상준

편 집   윤혜경
기획/마케팅   김한유
표지디자인   이미연
제 작   고철민 · 조영환

펴낸곳   (주) **박영사**
            서울특별시 금천구 가산디지털2로 53 한라시그마밸리 210호(가산동)
            등록 1959. 3. 11. 제300-1959-1호(倫)
전 화   02)733-6771
f a x   02)736-4818
e-mail   pys@pybook.co.kr
homepage   www.pybook.co.kr
ISBN   979-11-303-3708-1   93360

정 가   16,000원

이 책은 2021학년도 홍익대학교 학술연구진흥비에 의하여 지원되었음